CATALOGUE

DE

TABLEAUX & DESSINS

D'ANCIENS MAITRES

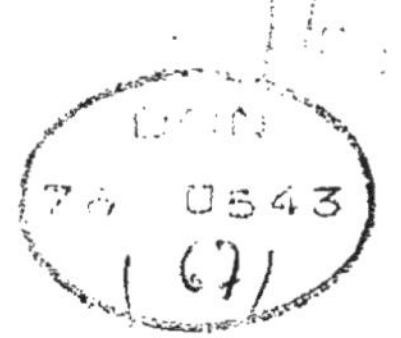

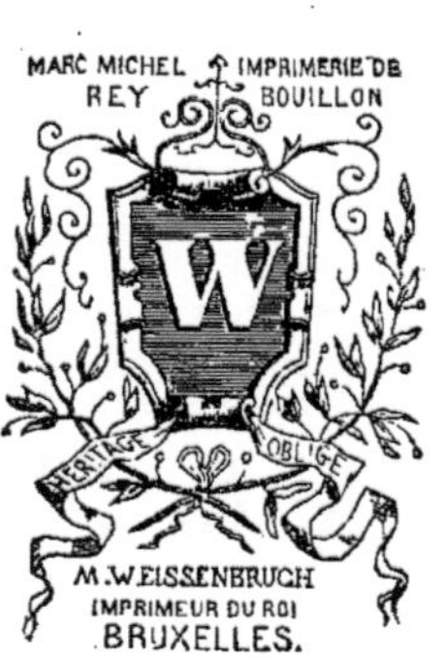

MARC MICHEL IMPRIMERIE DE
REY BOUILLON
W
HERITAGE OBLIGE
M.WEISSENBRUCH
IMPRIMEUR DU ROI
BRUXELLES.

EXPOSITION

DE

TABLEAUX ET DESSINS

D'ANCIENS MAITRES

ORGANISÉE

PAR LA SOCIÉTÉ NÉERLANDAISE DE BIENFAISANCE

A BRUXELLES

———>●◆●<———

BRUXELLES

TYPOGRAPHIE DE M. WEISSENBRUCH

IMPRIMEUR DU ROI

11, RUE DU MUSÉE, 11

—

1873

L'exposition rétrospective organisée par les
soins de la Société néerlandaise de bienfaisance
présente, grâce au concours obligeant qu'elle a
obtenu de toutes parts, un intérêt qu'apprécie-
ront hautement les amis des arts. Il a fallu une
telle circonstance; il a fallu la stimulation du sen-
timent généreux qui a été le mobile des personnes
dont l'appui a permis de réaliser l'idée philanthro-
pique, pour faire sortir toutes les belles et curieuses pages, actuellement réunies, des collections
particulières où elles n'étaient accessibles qu'à un
petit nombre de privilégiés,

C'est une bonne fortune pour tous les amateurs de pouvoir admirer tant d'œuvres supérieures habituellement soustraites à la curiosité publique ; c'en est une surtout pour les connaisseurs, pour tous ceux qui s'intéressent à l'histoire de l'art, de pouvoir se livrer aux études que favorise cette magnifique exhibition où l'on voit en nombre les œuvres de maîtres dont on s'estime souvent heureux de rencontrer un seul échantillon, où l'on a sous les yeux des specimens rarissimes de peintres qui ne sont pas représentés dans les collections publiques de la Belgique. On n'entreprendra pas de citer ici les morceaux qui se recommandent à ces divers titres. Indiquer les particularités curieuses qui les signalent à l'attention des amateurs est une tâche qu'on n'entreprendra point, parce qu'elle ne pourrait pas être circonscrite dans les limites qu'il convient d'assigner à l'étendue de cette introduction. Ce n'est pas un catalogue raisonné que la commission offre au public c'est un simple inventaire auquel on s'est borné à ajouter, autant qu'on a pu, l'indication des anciennes collections par lesquelles ont passé les tableaux avant d'arriver entre les mains des possesseurs actuels, ainsi que les citations qui en ont été faites par les auteurs ayant autorité.

On s'est naturellement abstenu de toute appré-
ciation des œuvres exposées, ne pouvant pas
usurper le droit qu'ont les visiteurs de se former
un jugement par eux-mêmes. La commission s'est
attachée à reproduire avec une scrupuleuse exacti-
tude les indications fournies par les propriétaires,
relativement à l'attribution ainsi qu'à l'origine des
œuvres d'art qu'ils ont bien voulu mettre à sa
disposition.

Outre la riche collection de tableaux que la commission a été assez heureuse pour réunir, l'exposition rétrospective offre à la curiosité des amateurs une belle série de dessins de maîtres an-
ciens. Les occasions de voir des œuvres de ce
genre sont rares en Belgique où l'on n'en ren-
contre des collections ni chez les particuliers, ni
dans les dépôts publics. Ces productions de premier jet présentent un intérêt puissant qu'appré-
cient de plus en plus les personnes qui les exami-
nent attentivement et qui, après les avoir
considérés d'accord avec une simple curiosité,
finissent souvent par les rechercher avidement.

A ces quelques remarques sur les éléments
dont est formée l'exposition rétrospective à laquelle sont conviés les amis des arts, la commission n'ajoutera plus qu'une chose : c'est le témoi-

gnage de sa profonde gratitude adressé aux personnes qui lui sont venues en aide pour réaliser leplan qu'elle avait conçu, et dont le précieux appui a procuré à son œuvre un succès qui a dépassé ses espérances.

CATALOGUE

1   **POTTER** (Paul).

Enkhuysen, 1625 — 1654, Amsterdam.

Le bois de La Haye. — Départ du prince Stathouder
pour la chasse. Sous un massif d'arbres des cavaliers,
des piqueurs et des chiens; au fond, sur la lisière du
bois, la voiture du prince, traînée par six chevaux
gris et entourée de valets à la livrée orange; au delà de
la lisière du bois une plaine étendue; à la droite du premier plan des vaches cheminant dans une allée ombreuse.

Signé : Paulus Potter, 1652.

(Collections duc de Choiseul, prince de Conti, prince Radziwil, Wombwell, Stevens.) — Smith ne connaît ce tableau que
par la gravure (n° 66 galerie Choiseul) et dit que ce doit être une
œuvre de la plus rare excellence. Il se trompe en disant qu'il
appartenait à l'empereur de Russie. Gault de Saint-Germain,
dans son *Guide de l'Amateur de Tableaux,* vol. I, p. 197, dit que
le prince de Radziwil s'est rendu adjudicataire par son conseil
du fameux tableau du bois de La Haye, vente Conti, et qu'il a été
emballé devant lui pour être envoyé en Pologne.

Le même sujet existe au musée de Dresde, attribué à Potter
et Van de Velde, mais il n'est nullement donné comme le tableau
de la collection Choiseul.

Toile. H. 0.60. — L. 0.76.

Appartient à M. Suermondt, à Aix-la-Chapelle.

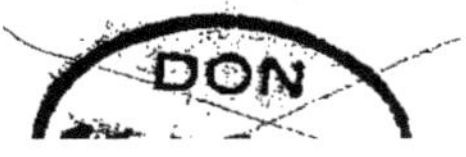

2   REMBRANDT VAN RYN.

LEYDE, 1608 — 1669, AMSTERDAM.

Le Rabbin. — Portrait d'un vieillard à barbe blanche coiffé d'une toque de velours ; la main droite appuyée sur le bras du fauteuil dans lequel il est assis ; la gauche sur la poitrine ; pourpoint brun, manteau garni de fourrure ; une chaîne d'or au cou. — Signé : REMBRANDT, 1645.

Toile. H. 1.10. — L. 0.81.

(Collections : William Beckford, 1820 ; Durand-Duclos, Paris, 1847 ; J. Nieuwenhuis, 1854 ; Th. Patureau, Paris, 1857. — Décrit par Smith. — Exposé à Munich en 1869.)

Appartient à M. Suermondt.

3   KEYSER (Th. De).

ÉCOLE HOLLANDAISE, XVIIᵉ SIÈCLE.

Volet d'un triptyque. — Donateurs. Deux donateurs le père et le fils, vêtus de noir ; celui-ci agenouillé ; celui-là debout au second plan et tenant un livre dans ses mains jointes.

Bois. H. 0.67. — L. 0.31.

(Gravé par Gilbert et décrit par Bürger, *Gazette des Beaux-Arts*. 1869. — Exposé à Munich en 1869.)

Appartient à M. Suermondt.

4   HOLBEIN (Hans) le Jeune.

AUGSBOURG, 1495 — 1543, LONDRÉS.

Portrait d'homme vu de trois quarts. — Barbe blonde ; pourpoint et bonnet noirs, tenant des gants dans ses mains jointes.

Sur le fond l'inscription : anno 1541, ætatis suæ 37.

Bois. H. 0.48. — L. 0.38.

(Collections Von Sybel d'Elberfeld et Merlo de Cologne. — Exposé à Munich en 1869.)

Appartient à M. Suermondt.

5   **EYCK (Jean Van).**

Maeseyck, 1390 — 1440, Bruges.

La vierge, coiffée d'une couronne de pierreries, tenant
l'enfant Jésus dans ses bras, debout au milieu de la
grande nef d'une église gothique chaudement éclairée
par de vifs rayons de soleil qui traversent les verrières et
projettent sur le pavement des traces lumineuses.

Bois. H. 0.31. — L. 0.15.

(Cité par Laborde. — Bürger, *Gazette des Beaux-Arts*, 1869.
— Exposé à Munich en 1869.)

Appartient à M. Suermondt.

6   **EYCK (Jean Van).**

L'homme à l'œillet. — Portrait d'un vieillard coiffé d'un
bonnet de fourrure et vêtu de gris ; ayant dans la main
droite un œillet.

Bois. H. 0.42. — L. 0.33.

(Cité par Kugler, *Handbuch der Kunstgeschichte*; par Bürger,
Gazette des Beaux-Arts, janvier 1869 ; gravé par Gaillard. —
Collection Engels, à Cologne. — Exposé à Munich en 1869.)

Appartient à M. Suermondt.

7   **KEYSER (Th. De)**

Volet d'un triptyque. — Donatrices. Deux donatrices,
la mère et la fille, richement ajustées ; celle-là debout les
mains jointes ; celle-ci agenouillée tenant un chapelet. —
Pendant du n° 3. — Signé du monogramme T. D. K. et
daté 1628.

Bois. H. 0.67. — L. 0.31.

(Gravé par Gilbert et décrit par Bürger, *Gazette des Beaux-
Arts*, 1869. — Exposé à Munich en 1869.)

Appartient à M. Suermondt.

8 **RUBENS (Pierre-Paul).**

SIEGEN, 1577 — 1640, ANVERS.

La chute des réprouvés. — Esquisse terminée du grand tableau de la Pinacothèque de Munich avec lequel elle présente des différences nombreuses et considérables. — La vaste composition du maître forme le pendant de son *Assomption des bienheureux* à Munich.

(Smith mentionne cette esquisse comme ayant fait partie, en 1804, de la vente de la collection Dutartre. — *Gravée par Rich. Van Orley.* — Exposée à Munich en 1869.)

Appartient à M. Suermondt.

9 **CRANACH (Lucas Sunder surnommé), le Vieux.**

CRANACH, 1472 — 1553, WEIMAR.

Portrait de Sibille, duchesse de Clèves, comtesse de la Marck. — Corsage noir garni de fourrures blanches ; guimpe blanche brodée d'or ; coiffe blanche. Les mains croisées.

Sur le fond bleuâtre, à gauche, le dragon ailé qui servait de monogramme à l'artiste.

Appartient à M. Suermondt.

10 **DÜRER (Alb.).**

NUREMBERG, 1471 — 1528, IBID.

Tête de vieillard à longue barbe blanche, ayant servi d'étude pour l'un des apôtres (S. Paul) de la suite gravée par le maître.

Bois. H. 0.32. – L. 0.23.

(Cité par Heller : *Albrecht Dürer*, t. II, p. 199. — Collections Kirschbaum à Munich, 1822, et Von Holzschuher à Nuremberg en 1869. — Exposé à Munich en 1869.)

Appartient à M. Suermondt,

11   **ALTDORFER (Albert).**

ATDORF, 1488 — 1538, RATISBONNE.

La famille du satyre. — A la gauche du premier plan,
un satyre, sa femme et son enfant étendus au pied d'un
groupe de grands arbres près d'un rocher à pic; plus loin,
vers la droite, un jeune satyre, une massue à la main,
arrête un passant qui cherche à fuir; au fond paysage
accidenté.

Signé du monogramme du maître et daté 1507 à la partie supérieure du rocher.

(Collection Kraenner, de Ratisbonne.)

Bois. H. 0.34. — L. 0.23.

Appartient à M. Suermondt.

12   **ALDEGREVER (Henri).**

SOEST (WESTPHALIE), 1502 — 1562, IBID.

Lapidation des deux vieillards qui avaient faussement
accusé la chaste Suzanne.

Bois. En rond. — Diamètre 0.13.

(Gravé en 1555 par le maître, dans la suite de quatre pièces retra
çant l'histoire de la chaste Suzanne.)

Appartient à M. Suermondt.

13   **ANGEL (P.).**

ÉCOLE HOLLANDAISE, XVIIe SIÈCLE.

Nature morte. — Plusieurs oiseaux morts sur une
table. — Signé P. Angel, 1650.

Bois. Octogone. H. 0.10. — L. 0.12

Appartient à M. Suermondt.

14   **DAVID (Gérard) ?**

Bruges, 1484 . . . .

La Vierge avec l'enfant Jésus qu'elle tient sur le bras
gauche et auquel elle présente des roses blanches.

Bois ; cintré. H. 0.16. — L. 0 11.

(Collection Merlo.)

Appartient à M. Suermondt.

15   **COELLO (Alonzo Sanchez).**

École espagnole, XVIe siècle.

Portrait de Philippe II. — Riche costume espagnol ;
collier de la Toison d'or. Dans la main droite des gants ;
la gauche sur la garde de l'épée.

Toile. H. 1.92. — L. 1.02.

(Collection royale de Madrid. — Collection V. Schepeler, d'Aix-
la-Chapelle. — Décrit par Bürger, *Galerie Suermondt*, n° 113.
— Exposé à Munich en 1869.)

Appartient à M. Suermondt.

16   **HALS (Frans).**

Malines, 1584 — 1666, Haarlem.

Jeune garçon qui chante en marquant la mesure de
la main gauche et tenant une flûte de la droite.
Sur le fond gris, à gauche, le monogramme du maître. Peint vers 1625.

Toile. H. 0.65. — L. 0.52.

(V Bürger, *Galerie Suermondt*, n° 45.)

Appartient à M. Suermondt.

17   **HALS** (Frans).

Hille Bobbe la sorcière de Haarlem. — Elle est assise près d'une table sur laquelle se trouve un large pot d'étain qu'elle saisit de la main droite; un hibou est perché sur son épaule gauche. — Peint vers 1650.

Toile. H. 0.99. — L. 0.65.

(Collection Stockbro, à Hoorn. — Bürger, *Gazette des Beaux-Arts*, 1869. — Gravé par Flameng. — Exposé à Munich en 1869.)

Appartient à M. Suermondt.

18   **HALS** (Frans).

La petite fille d'Ilpenstein et sa bonne. — La bonne, vêtue de brun, tient devant elle l'enfant, en robe jaune à fleurs, auquel elle présente en souriant une prune. — Peint vers 1635.

(Collection du château d'Ilpenstein.)

Appartient à M. Suermondt.

19   **HALS** (Frans).

Portrait d'homme. — Cavalier, barbe et moustache noires, coiffé d'un feutre à larges bords ; vêtu d'un pourpoint noir et large fraise blanche plissée; une main sur la hanche, l'autre à la hauteur de la ceinture ; fond gris. — La date 1625, de la main de l'artiste, au revers du panneau.

Bois. H. 0.25 — L. 0.20.

Appartient à M. Suermondt.

20   **HALS** (Frans).

Le trio joyeux. — Jeune fille assise sur les genoux d'un vieillard ; derrière ce groupe une jeune fille tenant une guirlande de saucissons au dessus de la tête de l'amoureux suranné. Peint vers l'année 1615.

Toile. H. 0.81. — L. 0.65.

Appartient à M. Suermondt.

21   **HALS** (Frans).

Joyeux buveur. — Un jeune homme, à la mine riante,
est assis devant une table sur laquelle se trouve un ré-
chaud contenant des charbons ardents auxquels il vient
d'allumer la pipe qu'il tient de la main gauche; il soulève
de la droite une cruche d'étain pour la porter à sa bouche.
— Peint vers 1630.

Toile. H. 0.74. — L. 0.60.

Appartient à M. Suermondt.

22   **COQUES** (Gonzales).

ANVERS, 1618 — 1684, IBID.

Portrait de Corneille de Bie, poëte et écrivain sur les
arts, ami de l'artiste : assis près d'une table, tenant une
plume de la main droite posée sur un livre ouvert; le
bras gauche appuyé sur le dossier de son fauteuil.

Cuivre. H. 0.27. — L. 0.22.

(Collections Schamp d'Averschoot, Gand, 1840. — Comte Cor-
nelissen, Bruxelles, 1867. — Décrit dans Smith.)

Appartient à M. Suermondt.

23   **ZEEMAN** (Renier Nooms surnommé).

AMSTERDAM, XVIIᵉ SIÈCLE.

Mer calme. — A droite, près de la plage, deux bateaux
pêcheurs; à gauche, une barque; plusieurs figures de
marins au travail. — Signé : R. ZEEMAN.

Toile. H. 0.24. — L. 0.21.

Appartient à M. Suermondt.

24   **MOLYN** (Pierre) le Vieux.

HAARLEM, 1600? — 1654? IBID.

Paysage. — Un chemin conduisant à une ferme, sur
la lisière d'un bois; deux paysans assis au bord de la
route. — Signé : P. MOLIJN, 1633.

Bois. H. 0.16. — L. 0.22.

Appartient à M. Suermondt.

25   **RUYSDAEL (Jacques).**

HAARLEM OU NAARDEN, 1625 — 1681, HAARLEM.

Vue de la place du Dam, à Amsterdam, avec l'ancien
poids public construit en 1565, et abattu au commence-
ment de ce siècle. — Au premier plan marché de légumes
et de fruits avec de nombreux personnages. — Figures
d'Eglon Van der Meer.
Signé : J. RUYSDAEL.

Toile. H. 0.51. — L. 0.66.

(Collection Pastor, Borcette. — Exposé à Munich en 1869.)

Appartient à M. Suermondt.

26   **RUYSDAEL (Jacques).**

La mare. — Intérieur de forêt ; au centre du tableau
une mare avec des canards, au premier plan à droite
deux bouleaux dont un renversé ; à gauche des terrains
marécageux.

Toile. H. 0.53. — L. 0.63.

(Collection Piérard.)

Appartient à M. Suermondt.

27   **DYCK (Antoine Van).**

ANVERS, 1599 — LONDRES, 1641.

*Le Christ mort pleuré par Marie, Madeleine et Saint
Jean.* — Étendu sur les genoux de la Vierge, il est soutenu
par celle-ci et par Saint Jean ; la Madeleine est en prière.
— Esquisse en grisaille.
Gravé par CAUKERKEN.

Bois. H. 0.64. — L. 0.43.

(Collection du docteur Lombard, Liége, 1857.)

Appartient à M. Suermondt.

28   **RUBENS (P. P.).**

La prise de Paris par Henri IV. — La ville de Paris présentant à Henri IV les clefs de la ville; on se bat encore sur un pont qui traverse la composition au second plan. — Esquisse.

Bois. H. 0.24. — L. 0.46.

(Le pendant, représentant l'entrée triomphale d'Henri IV à Paris, a été acquis à la vente Van Brienen par lord Hertford).

Appartient à M. Suermondt.

29   **MEER (Van der) de Delft.**

ÉCOLE HOLLANDAISE; XVIIe SIÈCLE.

Jeune fille à sa toilette. — Debout devant un miroir, elle noue le ruban de son collier de perles.
Signé sur la table de toilette : J. MEER.

Toile. H. 0.54. — L. 0.45.

(Collections H. Grevedon et W. Bürger. — Gravé sur bois dans la *Gazette des Beaux-Arts*, t. XXI, 1866.)

Appartient à M. Suermondt.

30   **RUYSDAEL (Jacques).**

Marine. — Mer houleuse; à l'avant-plan les flots déferlent sur les pilotis d'une estacade; au centre du tableau un bateau à voile rouge; plus loin d'autres embarcations; dans le fond, à gauche, vue de la côte.

Bois. H. 0.50. — L. 0.65.

Gravé par Flameng dans la *Gazette des Beaux-Arts* de février 1869. — Collections Bleuland et Van Brienen.)

Appartient à M. Suermondt.

31   RUYSDAEL (Jacques).

Environs de Haarlem. — Vue prise des blanchisseries
d'Overveen; au premier plan une prairie où sont étendues
des pièces de toile ; plus loin un étang ; dans le fond la
ville de Haarlem; paysage animé par plusieurs figures.

Signé : J. RUISDAEL.

Toile. H. 0.51. — L. 0.64.

(Collections de lord Chalmondeley, à Londres, 1838. — Lord
Northwich, id. — Baron Meklenburg, Paris, 1854. — Exposé
à la British Institution, à Londres, en 1819. — Décrit dans
Smith, t. VI, p. 77 et supplément p. 711. — Exposé à Munich
en 1869.)

Appartient à M. Suermondt.

52   RUBENS (P. P.).

La fortune. — Debout sur un globe qui roule sur les
flots de la mer; tenant une draperie gonflée par le vent
comme le serait la voile d'un navire.

Bois. H. 0.33. — L. 0.23.

(Collection Jabach à Cologne).

Appartient à M. Suermondt.

33   RUBENS (P. P.).

Mars et Vénus. — Vénus, appuyé sur un cippe, pose
la main gauche sur la tête de l'Amour debout à ses côtés ;
derrière elle est Mars debout qui l'enlace du bras gauche
et s'appuie, de la main droite, sur un bouclier.

Bois. H. 0.31. — L. 0.24.

(Collection Jabach à Cologne).

Appartient à M. Suermondt.

34   **OSTADE (Adrien Van).**

Lubeck, 1610 — 1685, Amsterdam.

Intérieur. — Un paysan, vu de dos, assis devant une cheminée : coiffé d'un feutre noir ; vêtu d'une casaque noire à manches bleues ; la main gauche posée sur la cuisse ; à côté de lui son chien.

Signé : A. v. Ostade, 1667.

Bois. H. 0.25. — L. 0.40.

Appartient à M. Suermondt.

35   **MEER (Van der) le Vieux.**

Vue de Haarlem prise du côté de la Spaeme. — Canal bordé de maisons et de moulins ; plusieurs barques à voiles et à rames ; au fond, la ville.

Bois. H. 0.38. — L. 0.64.

Appartient à M. Suermondt.

36   **NEER (Aart Van der).**

Amsterdam, 1619 — 1683, Ibid.

L'incendie d'Amsterdam.—Les bords de l'Amstel garnis d'habitations ; au premier plan, des barques ; au fond la ville en feu.

Toile. H. 0.52. — L. 0.72.

(Collection Brabeck, Stolberg et Hudwalker ; exposé à Munich en 1869.)

Appartient à M. Suermondt.

37   **TERBURG (Gérard).**

Swolle, 1608 — 1681, Deventer.

Portrait d'homme. — Figure entière ; debout auprès d'une table ; ajustement noir et colerette blanche ; des gants dans la main gauche ; derrière lui une chaise.

Sur le barreau de la chaise, le monogramme du maître G. T. B.

Toile. H. 0.78. — L. 0.60.

(Exposé à Munich en 1869.)

Appartient à M. Suermondt.

38   **POTTER (Pierre).**

ENKHUYSEN, 1587 — 1642, LA HAYE.

Nature morte. — Vanitas. Sur une table couverte d'un tapis verdâtre, un globe terrestre, une tête de mort, un sablier, des livres, des papiers.

Signé : P. POTTER, 1636.

Bois. H. 0.26. — L. 0.34.

Appartient à M. Suermondt.

39   **GOYEN (Van).**

LEYDEN, 1596 — 1666, LA HAYE.

Plage de Scheveningue. — Au milieu du tableau, au second plan, on voit la baleine qui vint s'échouer sur la côte en 1630. Autour du monstre, grand nombre de curieux.

Signé du monogramme de l'artiste et daté 1630.

Bois. H. 0 48. — L. 0.70

Appartient à M. Suermondt.

40   **TENIERS (David).**

ANVERS, 1620 — 1694, BRUXELLES.

L'arrivée du mauvais riche dans l'enfer. — Luxueusement vêtu, le riche est tourmenté par les démons et par des monstres; à droite, la porte de l'enfer gardée par Cerbère; les airs sont traversés par des êtres fantastiques.

Cuivre, ovale. H. 0 51. - L. 0.76.

(Collections Lebœuf, Paris, 1782. — John Knight, Londres, 1821. — Docteur Lombard, Liége, 1857. — Décrit dans Smith.)

41   **HUYSUM (Jean Van).**

Amsterdam, 1682 — 1720, Ibid.

Fleurs.— Sur une table, dans un vase, un bouquet de roses, de tulipes, de pavots et de pivoines.

Bois. H. 0.75. — L. 0.60.

(Collection du comte Schoenborn, à Vienne.)

Appartient à M. Suermondt.

42   **ROMBOUTS (J.).**

Paysage. — Mare entourée de grands arbres.
Signé : I. Rombouts.

Bois. H. 0.16. — L. 0.21.

(Collection Blockhuyzen.)

Appartient à M. Suermondt.

43   **DELORME (Antoine).**

École hollandaise, XVIIe siècle.

Intérieur d'église gothique. — A gauche, la chaire, deux personnages sur le devant et d'autres au fond ; chaudement éclairée.

Bois. H. 0.17. — L. 0.12.

Appartient à M. Suermondt.

44   **AST (Barthélemy Van der).**

Utrecht, vers 1620.

Nature morte. — Sur une table en pierre un plat du japon rempli de fruits : d'autres fruits épars sur la table et quelques insectes.
Signé : B. V. A.

Bois. H. 0.15. — L. 0.22.

Appartient à M. Suermondt.

45 **FLINCK (Govert).**

CLÈVES, 1615 — 1660, AMSTERDAM.

Portrait de femme. — Vêtue de noir avec une pélerine de dentelle et un fichu blanc.

Signé : G. FLINCK F., 1641.

Bois. H. 0.68. — L. 0.53

Appartient à M. Suermondt.

46 **GOYEN (Van).**

Hiver. — Devant une auberge des patineurs et de nombreux spectateurs sur la glace.

Signé deux fois, avec les deux dates 1650 et 1651.

Bois. H. 0.41. — L. 0.70.

(V. Bürger, *Gazette des Beaux-Arts*, février 1869.)

Appartient à M. Suermondt.

47 **RUBENS (P. P.).**

Première esquisse du Calvaire. — Tableau connu sous le nom du *Coup de lance*, peint pour l'église des Récollets d'Anvers, aujourd'hui au Musée de cette ville. — Gri--saille offrant des différences avec la grande composition, notamment dans le groupe des femmes du premier plan.

Bois. H. 0.63. — L. 0.48.

(Collections comte Van Kesselstadt, Mayence, 1828, et Weyer, Cologne, 1857. — Gravé par S. Bolswert.)

Appartient à M. Suermondt.

48 **DYCK (Van).**

Le Calvaire. — Le centurion perce d'un coup de lance le flanc du Christ — Esquisse en grisaille pour le tableau de l'église Saint Michel, à Gand, dont elle diffère en plusieurs points.

Toile. H. 0.45. — L. 0.38.

(Collection Thom. Lawrence ; cité par Smith ; exposé à Munich en 1869.)

Appartient à M. Suermondt.

49   BEYEREN (Abraham Van).

ÉCOLE HOLLANDAISE, XVIIᵉ SIÈCLE.

Nature morte. — Sur une table couverte d'un tapis, un grand plat de métal rempli de fruits : pêches et raisins ; un petit plat avec un citron ; un homard.

Toile. H. 0.72. — L. 0.62.

(Collection de la Villestreux, 1872.)

Appartient à M. Suermondt.

50   BOUCHER (François).

PARIS, 1704 — 1770, IBID.

Vénus et l'amour. — Étendue sur un tertre, à gauche, Vénus présente une couronne de fleurs à l'amour qui est devant elle.

Toile. H. 0.31. — L. 0.23.

(Collection Simonet.)

Appartient à M. Suermondt.

51   PEETERS (Bonaventure).

ANVERS, 1614 — 1652, IBID.

Marine. — Une côte ; au premier plan des dunes escarpées ; deux personnages marchant vers le fond ; à droite, mer agitée ; gros temps.

Marqué du monogramme de l'artiste R. P.

Bois. H. 0.24. — L. 0.34.

(Collection Kilian.)

Appartient à M. Suermondt.

52   BOL (Jean).

MALINES, 1534 — 1593, IBID.

Paysage. — Au milieu, une grande maison percée de nombreuses fenêtres où apparaissent des personnages ; à gauche, au second plan, une autre maison semblable ; au fond, des deux côtés, paysage accidenté, de l'eau et de grands édifices ; aux différents plans des groupes de figures et des épisodes variés.

Bois. H. 0.24. — L. 0.36.

Appartient à M. Suermondt.

52 *bis*   **STAELBENT (Adrien Van).**

ANVERS, 1580 — 1660, IBID.

Kermesse villageoise. — Des paysans se divertissent sous une tente, dans un village traversé par un canal; un gentilhomme et une dame se promènent au milieu des groupes.
Signé : VAN STAELBENT, 1620.

Bois. H. 0.25. — L. C.41.

Appartient à M. Suermondt.

53   **BOTH (Jean.)**

UTRECHT, 1610 — 1650, IBID.

Paysage. — A gauche des rochers au pied desquels sont deux hommes en conversation ; une chaîne de montagne fuyant du second plan vers le fond ; effet de soleil couchant.

Bois. H. 0 26. — L. 0.34.

Appartient à M. Suermondt.

54   **CUYP (Albert).**

DORDRECHT, 1605 — 1683 ? IBID.

Paysage. — Au bas d'une colline boisée, une large rivière sillonnée d'embarcations; sur la rive, à droite, des vaches gardées par deux pâtres; effet de soleil couchant.

Bois. H. 0.31. — L. 0 40.

(Collection Schoenborn, à Vienne.)

Appartient à M. Suermondt.

55   **BROUWER (Adrien).**

AUDENARDE OU HAARLEM, 1608 — 1640, HAARLEM.

La toilette. — Une femme âgée, vêtue de noir, bonnet blanc, assise devant une table sur laquelle est une glace, ajuste sa colerette ; sur la table une fiole et des bagues. Sur le fond, à droite, le monogramme A. B.

Bois, ovale. H. 0.19. — L. 0.15.

Gravé comme *Superbia* par le maître dans la suite des sept péchés.

Appartient à M. Suermondt.

56   **REMBRANDT.**

Paysage. — Vue panoramique prise d'un plateau élevé ; au milieu une église et un village ; à droite un moulin ; grande plaine coupée d'accidents de terrain et de bouquets d'arbres ; effet du matin.

Bois. H. 0.36. — L. 0.35.

(Musée de Carlsruhe, où ce tableau était inscrit sous le n° 67 dans le catalogue de 1833.)

Appartient à M. Suermondt.

57   **SNYDERS (François).**

ANVERS, 1579 — 1657, IBID.

Fruits. — Sur une table couverte d'un tapis rouge des pêches, des abricots, des raisins dans un plat du Japon ; sur le tapis des coquillages.

Bois. H. 0.51. — L. 0.69.

(Collection Rothan.)

Appartient à M. Suermondt.

58   **RUBENS (P. P.).**

Portrait d'homme. — En buste, de face; caractère énergique de la physionomie; cheveux et barbe grisonnants; largement drapé dans un manteau.

Bois. H. 0.62. — L. 0.50.

(Collection Patureau, Paris, 1857.)

Appartient à M. Suermondt.

59   **GOYEN (Van).**

L'été. — Au milieu du premier plan un paysan assis au pied d'un grand arbre et un cavalier; au second plan, plusieurs figures et groupes de maisons.

Signé sur le terrain à droite : I. v. GOIEN.

60

L'hiver. — Pendant du précédent : village au bord d'un canal gelé; un pont en pierre conduisant à un grand bâtiment; patineurs.

Signé : I. v. GOIEN, 1620.

Bois rond. Diamètre 0.10.

Appartiennent à M. Suermondt.

61   **BROUWER (Adrien).**

Le dormeur. — Intérieur d'une maison de paysan; au premier plan un jeune homme vêtu de rouge, assis, la tête appuyée contre une cloison en planches. Au fond des paysans attablés auprès d'une grande cheminée.

Signé sur le banc à gauche du monogramme du maître.

Bois. H. 0.33. — L. 0.24.

(Gravé à l'eau-forte par Brouwer.)

Appartient à M. Suermondt.

62   **SLINGELAND (Pierre Van).**

LEYDE, 1640 — 1691, IBID.

Portrait de jeune homme à cheveux noirs tombant sur ses épaules; pourpoint noir, col de dentelles; la main gauche contre la poitrine. Fond verdâtre.

Cuivre. Ovale. H. 0.10. — L. 0.08.

Appartient à M. Suermondt.

63   **MIEREVELD (Michel).**

DELFT, 1567 — 1641, IBID.

Portrait d'homme. — Barbe et moustaches brunes ; fraise blanche tuyautée.

Signé du monogramme et daté 1627.

Bois. Ovale. H. 0.00. — L. 0.00

(Collection Merlo.)

Appartient à M. Suermondt.

64   **NEER (Aart Van der).**

Paysage. — Clair de lune. Rivière dont le cours est divisé, au premier plan, par un ilot; à gauche bords garnis de maisons et d'arbres ; à droite, au second plan, de grands bâtiments et une tour.

Bois. H. 0.43. — L. 0.59.

(Collection des comtes de Schoenborn, à Vienne.)

Appartient à M. Suermondt.

65   **BROUWER (Adrien).**

Rixe de paysans. — Deux ivrognes, au cabaret, s'empoignent, tandis qu'un troisième intervient pour les séparer; un broc de vin renversé sur une table.

Signé du monogramme AB sur la manche de l'un des personnages.

Bois. H. 0.21. — L. 0.12.

(Bürger *Galerie Suermondt*, n° 29.)

Appartient à M. Suermondt.

66   BROUWER (Adrien).

Paysage : clair de lune à l'avant-plan groupe de paysans; à droite une chaumière; dans le fond un large fleuve.

Signé du monogramme AB au milieu de l'avant-plan.

Bois. H. 0.25. — L. 0.34.

(Collection Brentano.)

Appartient à M. Suermondt.

67   KEYSER (Théodore de).

Portrait de Catherine Hooft, femme de Corneille de Graef, bourgmestre d'Amsterdam en 1643.—Robe noire; manches et sous jupe en satin blanc; collerette et manchettes en guipure blanche, tenant un éventail en plumes noires de la main droite; l'autre main pendante. — *En pied; gr. nat.*

Toile. H. 1.81. — L. 1.04.

(Provient de la vente du château d'Ilpenstein.)

Appartient à M. Suermondt.

68   RUYSDAEL (Salomon).

La rivière. — A droite une rive escarpée où l'on voit une route et des habitations longeant la rivière; au premier plan à droite une barque montée par quatre personnages; à gauche une grande barque à voile remorquant un canot.

Bois. H. 0.40. — L. 0.55.

Appartient à M. Suermondt.

69 **TERBURG (Gérard).**

Jeune soldat assis devant une table dans la cour d'une
auberge et allumant sa pipe.

Toile. H. 0.41 — L. 0.52.

Appartient à M. Suermondt.

70 **GOYEN (Van).**

Vue de Nimègue. — A l'avant plan, sur le Wahal, un
grand bac portant de nombreux passagers,
Signé et daté : 1649.

(Collection Humskerk van Beest.)

Bois. H. 0.96. — L. 0.67.

Appartient à M. Suermondt.

71 **MEER (Van der), de Delft.**

Vue prise dans les dunes. — Au milieu trois chau-
mières ; en avant chemin sablonneux où sont plusieurs
personnages, entre autres un cavalier monté sur un
cheval blanc.
Signé : J. V. MEER.

Bois. H. 0.45. — L. 0.37.

(Collection Weyer, à Cologne, 1862. — Exposé à Munich en 1869.)

Appartient à M. Suermondt.

72 **TENIERS (David), le Jeune.**

ANVERS, 1620 — 1694, BRUXELLES.

Kermesse flamande. — Danse de paysans devant la
porte d'une auberge ; à droite fond de paysage ; un village dans le lointain.

Bois. H. 0.37. — L. 0.58.

(Collection des comtes Schoenborn, à Vienne.)

Appartient à M. Suermondt.

75   **EVERDINGEN (Albert Van).**

Alkmaar, 1621 — 1675, Ibid.

Paysage norwégien. — A droite une grande masse de rochers au bas desquels coule une rivière; au fond des massifs d'arbres.

Bois. H. 0.32 — L. 0. 28.

(Collection Oth Müntla.)

Appartient à M. Suermondt.

74   **MEER (Van der), de Delft.**

Le cottage rustique. — Au milieu du tableau une maison tachetée d'ombres par un épais tilleul; sur la porte, une femme debout; à gauche, un pan de mur cou-vert d'une treille et un peu en avant un puits d'où un paysan, vu de dos, tire de l'eau.

Toile. H. 0.47. — L. 0.36.

(Collection Osteaux, Liége. 1856. — V. Bürger, *Galerie Suermondt*, p. 34 et 153. — Exposé à Munich en 1869. — Gravé par L. Flameng, *Gazette des Beaux-Arts* de 1866.)

Appartient à M. Suermondt.

75   **METSU (Gabriel).**

Leyde, 1615 — 1658, Amsterdam.

Portrait de la mère de l'artiste. — En robe noire, col blanc; la tête couverte d'une ample capeline noire. *Buste; gr. nat.*

Toile. H. 0.75. — L. 0.62.

(Collections lord Radstock, Londres, 1826.—L. T. Nieuwenhuis Bruxelles. 1855.)

Appartient à M. Suermondt.

76   VENNE (Adrien Van der).

DELFT, 1589 — 1662, LA HAYE.

L'été. — Au premier plan, voyageurs traversant un ruisseau; un cavalier monté sur un cheval pie; une charrette attelée de deux chevaux; nombreux personnages. Signé : A. V. VENNE, 1614.

Bois. H. 0.42. — L. 0.67.

Appartient à M. Suermondt.

77   RIBERA (Joseph de), dit l'Espagnolet.

JATIVA (ESPAGNE), 1588 — 1656, NAPLES.

Saint Sébastien percé de flèches. — Les deux bras liés à un arbre au pied duquel il s'est affaissé. — Fig. entière; *gr. nat.*

Toile H. 2.03. — L. 1.52.

(Provient de la Galerie du Monte di Pieta de Rome.)

Appartient à M. Suermondt.

78   CUYP (Albert).

Nature morte. — Sur une table un plateau contenant un crabe cuit, des raisins, un verre de vin et un pain. — Sur un cornet de papier à gauche la signature A. C.

Bois. H. 0.37. — L. 0.29.

Appartient à M. Suermondt.

79   WATTEAU (Antoine).

VALENCIENNES, 1684 — 1721, NOGENT.

La collation. — Au pied d'un arbre, dans un site champêtre deux dames assises devant un couvert mis sur l'herbe; un jeune homme debout une serviette à la main; un autre étendu aux pieds des deux belles et versant à boire à l'une d'elles.

Toile. H. 0.35 — L. 0.25.

Appartient à M. Suermondt.

80   **CUYP (A.).**

Portrait d'homme — Longue coiffure bouclée ; pourpoint noir à boutons d'or ; col blanc ; médaille d'or sur la
poitrine.

Bois. H. 0.33. — L. 0.27

(Collection du comte Van den Steen, à Bruxelles, 1857.)

Appartient à M. Suermondt.

81   **MEER (Van der), de Delft.**

Jeune homme faisant des bulles de savon dans la cour
intérieure d'une habitation hollandaise.

Toile. H. 0.40. — L. 0.48.

(Collections Roos, d'Amsterdam, 1820. — Ch. Haas, ibid., 1824.
— W. Bürger (Thoré), 1869.)

Appartient à M. Suermondt.

82   **VENNE (Adrien Van der).**

L'hiver. — Sur une rivière gelée, de nombreux patineurs, trainaux et promeneurs ; au second plan, un navire
pris entre les glaces, à droite, au fond, une ville.

Pendant du n° 76 ; même signature.

Bois. H. 0.42 — L. 0.67.

Appartient à M. Suermondt.

85   **MIEREVELD (Mich.).**

Portrait de Jean Uitenbogaerd, théologien hollandais
de la secte des remontrants. — Vêtu d'un pourpoint noir
garni de fourrure ; fraise blanche tuyautée ; coiffé d'une
calotte noire.

Marqué : ÆTATIS, 75—1632.

Bois. H. 0.63 — L. 0,55.

(Gravé par W. Delf, avec l'indication du nom du peintre.)

Appartient à M. Suermondt.

84   **HEEM (Cornélis de).**

UTRECHT, XVIIᵉ SIÈCLE.

Nature morte. — Sur une table, un bassin d'argent et un bol du Japon remplis de fruits : prunes, raisins, mûres, citron, etc.

Bois. H. 0.36. — L. 0.51.

(Collection Pastor, Borcette.)

Appartient à M. Suermondt.

85   **VELDE (Adrien Van de).**

AMSTERDAM, 1639 — 1672, IBID.

Paysage. — Sur un îlot qui s'avance au milieu d'un fleuve, un cheval blanc, un autre de couleur isabelle et des moutons ; au second plan, un petit castel et des maisons ; ciel nuageux.

Toile. H. 0 41. — L. 0.65.

(Collection des comtes Schoenborn, de Vienne.)

Appartient à M. Suermondt.

86   **METSYS (Quentin).**

LOUVAIN, 1444 — 1530, ANVERS.

Sainte Élisabeth de Portugal. — Vue de face, coiffée d'une couronne de pierreries surmontant un voile dont les bouts retombent sur les épaules ; robe rouge bordée d'hermine ; manteau doublé de même fourrure ; fond vert, la tête se détachant sur une auréole formée de rayons d'or. — Au bas, en lettres d'or sur fond noir : *Arainha santa Isabel.* — Buste, petite nature.

Bois. H. 0.29. — L. 0.25.

Appartient à M. Suermondt.

87   **DIEPRAEM (Abraham).**

ÉCOLE HOLLANDAISE, XVIIe SIÈCLE.

Le mangeur de harengs. — Un homme assis près d'un tonneau qui lui sert de table, tenant de la main droite un hareng et de la main gauche un couteau avec lequel il vient de couper le morceau qu'il porte à sa bouche; sur le tonneau des tranches de pain et un verre de bière : intérieur.

Signé : A. DIEPRAEM, 1675.

Bois. H. 0.37. — L. 0.27.

Appartient à M. Suermondt.

88   **FYT (Jean).**

ANVERS, 1609 — 1661, IBID.

Gibier et chiens. — Au milieu, sur un fragment de rocher, au pied d'un arbre, un chevreuil; par terre, au premier plan, lièvre, perdrix, oiseaux et attirail de chasse; à gauche, deux lévriers; fond de paysage.

Signé : JOANNES FYT, 1649.

Toile. H. 1.40. — L. 2.00.

(Collections comte de Brabeck, 1814, et comte de Stolberg, 1859.)

Appartient à M. Suermondt.

89   **HEEM (Jan Davidsz).**

UTRECHT, 1600 — 1674, ANVERS.

Fleurs et fruits. — Sur une table des fleurs dans un vase; près du vase des fruits; à gauche une fenêtre; au fond un rideau.

Signé : J. D. DE HEEM f.

Bois. H. 0.47. — L. 0.37.

(Collection Osteaux, Liége, 1857.)

Appartient à M. Suermondt.

90   WOUWERMAN (Philippe).

Haarlem, 1620 — 1668, Ibid.

Paysage. —· Hiver. A gauche des rochers au bas desquels coule un ruisseau qui cotoie une route ; sur cette
route un cavalier et un piéton vus de dos.

Bois. H. 0.27. — L. 0.23.

(Cité dans Smith.)

Appartient à M. Suermondt.

91   DYCK (Van).

*Portrait de Thomas François de Savoie, prince de Cari-
gnan,* commandant des armées de Flandre et gouverneur général de Savoie. — Grisaille.

Bois. H. 0.55. — L. 0.29.

(Gravé par P. Pontius.)

Appartient à M. Suermondt.

92   STEEN (Jan).

Joyeuse société. — Un vieillard débraillé, le verre à la
main, s'approche d'une jeune fille assise, tandis qu'une
vieille commère le retient en riant ; à droite, un méné-
trier sous les traits de l'artiste lui-même.

Bois. H. 0.26. — L. 0.21.

(Collection des comtes Schoenborn, à Vienne.)

Appartient à M. Suermondt.

93   WOUWERMAN (Philippe).

Le maréchal ferrant. — A l'entrée d'une forge, le
maréchal est occupé à ferrer un cheval bai près duquel
est un cheval blanc ; au second plan, sur une élévation,
maison rustique ; plusieurs figures ; ciel d'orage.

Bois. H. 0.41. — L. 0.32.

(Collection des comtes Schoenborn. à Pommersfelden.)

Appartient à M. Suermondt.

94   **TENIERS (David), le Jeune.**

Deux anges dans les airs, portant le Saint Sacrement des miracles de Sainte-Gudule. Au bas, en grisaille, les tours de la cathédrale. — Dans le terrain, sous l'église, le monogramme du maître, suivi de la lettre f. — Peint sur une plaque de marbre blanc.

Cintré. H. 0.55. — L. 0.27.

Appartient à M. Suermondt.

95   **PIERSON (Christophe).**

La Haye, 1631 — 1714, Gouda.

Un déjeuner ; nature morte. — Sur une table couverte d'une nappe blanche un homard dans un plat d'argent, des huîtres, un vidrecome, un pain et un couteau. Signé du monogramme : C. P. et daté 1642.

Bois. H. 0.36 — L. 0.47.

Appartient à M. Suermondt.

96   **ARTVELT (Adrien Van).**

École hollandaise, XVIe — XVIIe siècle.

Combat naval entre les Espagnols et les Anglais. — Au premier plan, une galère à rames ; plus loin, deux grands navires à voiles aux prises et d'autres embarcations. Monogramme : A. A., 1605.

Bois. Rond. Diam. 22.

Appartient à M. Suermondt.

97   **ARTVELT (A. Van).**

Marine. — Pleine mer ; gros temps ; en avant une barque montée par quatre matelots ; au milieu, un grand navire à voile ; à gauche, une barque de pêcheurs ; d'autres voiles au loin.

Bois. H. 0.31 — L. 0 60.

Appartient à M. Suermondt.

98   **SEGERS (Hercules).**

ÉCOLE HOLLANDAISE, XVIIe SIÈCLE.

Paysage panoramique. — Au premier plan, terrains sinueux ; au second plan, une petite ville au bord d'une rivière ; au delà, plaine étendue.

Signé : HERCULES SEGERS.

Bois. H. 0.42. — L. 0.66.

(La seule peinture signée de ce maître, qui fut l'ami de Rembrandt. — On ne comptait pas moins de huit paysages de Segers dans l'inventaire de Rembrandt.)

Appartient à M. Suermondt.

99   **Ancienne école de Cologne.**

XIVe SIÈCLE.

La Vierge debout, tenant l'enfant Jésus sur le bras gauche ; sous ses pieds le soleil et la lune ; fond d'or gravé.

Bois. H. 0.29 — L 0.17.

Appartient à M. Suermondt.

100   **HALS (Frans).**

Tête de jeune garçon rieur ; la main, qui sort du cadre, au bas, tient un flageolet ; au second plan une seconde tête d'enfant.

Bois. Rond. Diam. 29.

Appartient à M. Suermondt.

Les dessins inscrits sous les nos 101—143 *b* appartiennent à M. Suermondt d'Aix-la-Chapelle.

101   **JEAN HOLBEIN.**

Portrait d'homme en buste, de trois quarts, petite nature.   Gouache.

(Collection Le Roy Ladurie.)

102   LÉONARD DE VINCI.

Portrait de l'artiste à l'âge de 60 à 70 ans. Sanguine.
(Collections Bagelaar, Van der Chys, Blockhuyzen.)

103   ALBERT DURER.

Sainte famille, au pied d'un arbre, servie par des anges.   A la plume rehaussé de blanc.
(Collection Thibaudeau.)

104   RAPHAEL SANZIO,

Saint Georges terrassant le dragon, première pensée du tableau du Louvre, avec de très grands changements.
A la plume.
(Collections Crozat, Bagelaar, Van der Chys.)

105   LUCAS CRANACH, le Vieux.

Chevalier assis aux côtés d'une dame, sous de grands arbres dans un paysage avec un castel au fond.
A la plume.
(Collection Andréossy.)

106   ESTEBAN MURILLO.

L'Assomption de la Vierge, elle s'élève sur un nuage entourée d'anges.   A la plume lavé d'encre de chine.

107   LE TITIEN.

Paysage montueux et boisé.   Aquarelle.
Gravé par GRIMALDI.
(Collection Van den Zande.)

108   LE TITIEN.

Saint Pierre martyr, première pensée du grand tableau brûlé à Venise, avec d'importants changements.
A la plume.
(Coll. Richardson, comte de Fries, Bagelaar, Van der Chys.)

109 **RUBENS.**

Le confesseur de Rubens, portrait en buste, de face.

Aux trois crayons et lavé à l'encre de chine.

110 **CLAUDE LORRAIN.**

Paysage avec cours d'eau et un pont; au second plan un berger chasse devant lui un troupeau de moutons.

A la plume et lavé de sépia.

(Collections Diaz, Jean Gigoux.)

111 **VAN DYCK.**

Portrait d'Adrien Van Stalbent, peintre flamand, gravé à l'eau forte par Van Dyck.

A la pierre noire lavé à l'encre de chine.

(Collections Goll van Frankenstein, Cranenburg.)

112 **RUBENS.**

Le retour de la foire. Deux paysans ivres, conduits par deux femmes et un homme.

Au bistre rehaussé de blanc.

(Collection Blockhuizen.)

113 **M. HONDECOETER.**

Le combat de coqs. Aquarelle.

(Collections Ploos Van Amstel, Van den Zande.)

114 **F. SNYDERS.**

Tête d'ours; étude grandeur naturelle.

A la pierre noire.

(Collection Blockhuizen.)

115 **J. VAN GOYEN.**

Ville au bord d'une rivière. Lavé à l'encre de chine.

(Collection Dupper.)

116 Miniatures, dessins et études, de maîtres des xv^e
et xvie siècles : Van Eyck, Memling, Lucas de
Leyde, Brueghel et autres.

117 Dessins et études de maîtres italiens et allemands :
Titien, Parmigiano, Canaletto, Dürer, Holbein,
Beham et autres.

118 Dessins et études de maîtres français : Demous-
tier, Callot, Watteau, Chardin et autres.

119 Dessins et croquis de Rembrandt, Hercules Segers et Philippe de Koning.

120 Dessins et études de Van Goyen, Cuyp, Ruysdael,
Everdingen et autres.

121 Dessins et études de Potter, Guillaume et Adrien
Vande Velde, Berchem, Teniers, Snyders et
autres.

122 Dessins de Brouwer, Ostade, Terburg, Metsu,
Vander Meer de Delft, Troost et autres.

123 F. HALS.

Étude d'homme debout, appuyé sur le dos d'une chaise.

A la pierre noire.

(Gravé sur bois dans la *Gazette des Beaux-Arts* de Vienne 1873.
Collections Ploos Van Amstel, Dupper).

124 HENDRIK VAN AVERCAMP.

Rivière prise par la glace, animée d'une foule de figures.

Aquarelle.

(Collection Roelofs).

125 VAN DYCK.

Deux héraults portant des manteaux aux armes de la
Grande Bretagne et de l'Irlande.

(Collections Ploos Van Amstel, Dupper.)

126   **REMBRANDT.**

La Circoncision ; composition de onze figures.

A la plume lavé à l'encre de chine.

(Collection W. Esdaile.)

127   **A. CUYP.**

Portraits d'un gentilhomme et de sa femme à mi-corps ;
deux pendants. Signés et datés 1646. A l'encre de chine.

(Collection Dupper.)

128   **REMBRANDT.**

Étude de vieillard, figure entière, dans un fauteuil. Le
buste a été gravé à l'eau forte par Rembrandt.

Sanguine.

(Collections Ploos Van Amstel, Dupper.)

129 Nic. MAES, dit Rembrandtsche Maes.

La dévideuse ; vieille femme assise ; elle tient la bobine
où elle semble débrouiller un fil.

Aux deux crayons et lavé à l'encre de chine.

(Collections Verstolk Van Soelen, Van Pallandt.)

130   **A. BROUWER.**

Le cabaret, composition de seize figures.

A la plume lavé au bistre.

131   **VAN DER MEER DE DELFT.**

Jeune femme de profil assise ; étude pour la servante
du tableau de M. Dufour à Marseille.

Sanguine rehaussé de blanc.

(Collections Verstolk Van Soelen, Leembrugge.)

132   **A. CUYP.**

Vue de rivière.

Signé du monogramme de sa première manière A. C.

133   VAN HUYSUM.

Étude de bouquet dans un vase.

Peint en grisaille sur papier.

(Collection Blockhuizen.)

134   JACOB DE WIT.

Étude de plafond, groupe d'anges dans les nuages.

Aquarelle.

(Collections Ploos Van Amstel, Dupper.)

135   JACOB DE WIT.

Pendant du précédent.

(Mêmes collections.)

136   A. WATERLOO.

Moulin à eau sous de grands arbres.

A la plume et lavé à l'encre de chine.

(Collection Dupper.)

137   A. CUYP.

Vue de rivière avec embarcations; près de la rive, au fond, quelques vaches. A la plume et à l'encre de chine.

(Collection Roelofs.)

138   A. WATERLOO.

Paysage; au milieu un grand arbre au second plan un homme cheminant.   A la pierre noire.

139   L. BACKHUISEN.

Mer agitée; grand navire à trois mâts salué par un autre plus petit; au fond une ville sur la côte.

Lavé à l'encre de chine

(Collections Ploos Van Amstel, Cranenburg.)

140   **F. BOUCHER.**

Portrait de jeune fille, en buste, de face.

Crayons de couleur.

(Collection Wertheimer.)

141   **A. WATTEAU.**

Deux études de la même figure, en costume d'abbé ;
assise, la main appuyée sur le pommeau d'une canne.

Aux trois crayons.

(Collections de Vos, Blockhuyzen.)

142 JAN LIEVENS et A. VAN DE VELDE.

Intérieur de bois, mouton et bouc.

Lavé à l'encre brune.

(Collections Ploos Van Amstel, Dupper.)

143   **HOBBEMA.**

Paysage ; une femme sous de grands arbres ; à droite
un pêcheur à la ligne.

(Collections Rombouts, Dupper.)

143 *a*   **Jacques RUYSDAEL.**

Intérieur de la Grande église (Groote kerk) à Amsterdam ; dessin pour le tableau de double grandeur, chez
lord Bute à Londres, décrit par Smith comme le seul
intérieur d'église peint par le maître. Il est étoffé de
figurines par Ph. Wouwermans.

(Collections Ploos Van Amstel, Cranenburg.)

143 *b*   **Jacques RUYSDAEL.**

Grand arbre au bord d'une mare ; au fond les toits et
le clocher d'un village.   A la plume et lavé de sépia.

(Collections Rombouts, Dupper.)

144   **HALS (Frans).**

L'ami commun. — Une petite fille, assise sur une chaise
de bois, tenant sur ses genoux un chat; une autre petite
fille, agenouillée devant elle, présente une friandise au
chat; les deux figures rieuses; fond gris.

Bois. H. 0.33. — L. 0.27.

Appartient à S. M. le Roi.

145   **HALS (Frans.)**

Les petits joueurs. — Une petite fille blonde et rieuse
est assise à droite sur une chaise de bois : jupe et corsage verts, manches blanches; elle a des cartes entre
les mains. — A gauche un jeune garçon, vêtu de gris,
assis à terre et tenant également des cartes; d'autres
cartes sur le parquet; fond gris.

Bois. H. 0.33. — L. 0.27.

Appartient à S. M. le Roi.

146   **PIERSON (Christophe).**

Dans un paysage, près d'un fragment d'architecture
sur lequel est sculpté un bas-relief, une femme donnant
à manger à des oiseaux de basse-cour.

Bois. Ovale. H. 0.09. — L. 0.07.

Appartient à M. le chevalier de Sequeira.

147   **PIERSON.**

Pendant du précédent. Près d'un fragment d'architecture un coq, une poule et des pigeons. Sur le piédestal
d'un grand vase les lettres C. P.

Bois. Ovale. H. 0.09. — L. 0.07.

Appartient à M. le chevalier de Sequeira.

148   **TÉNIERS (David).**

Portrait de l'archiduc Léopold gouverneur des Pays-Bas. — En armure, tenant de la main droite le bâton de commandement; la main gauche sur la hanche; fond de paysage.

Bois. H. 0.11. — L. 0.08.

Appartient à M. le chevalier Sequeira.

149   **MIEREVELD (Michel).**

Portrait de femme. — Vêtue de noir, bonnet et col blanc.

Bois. Ovale. H. 0.12. — L. 0.07.

Appartient à M. le chevalier de Sequiera.

150   **RUBENS (Pierre Paul).**

Deux lions.

Toile. H. 0.59. — L. 073.

Appartient à S. M. le Roi.

151   **HOBBEMA (Meindert).**

ÉCOLE HOLLANDAISE, XVIIᵉ SIÈCLE.

Paysage. — Au premier plan à droite une mare; vers la gauche, au second plan, groupe de soldats assis et de paysans; aux deux côtés bouquets d'arbres; plus loin des maisons rustiques ; un chemin où marchent des personnages; au fond une église de village.

Toile. H. 0.79. — L. 0.64.

(Collection baron de Mecklenbourg.)

Appartient à S. M. le Roi.

152   **RUBENS (Pierre Paul).**

Tête de l'un des mages (Gaspard) — Étude pour l'adoration des mages actuellement au musée d'Anvers; vu de profil; barbe blanche; tenant une coupe remplie d'or.

Bois. H. 0.64. — L. 0.49.

153   RUBENS (Pierre Paul).

— Étude du deuxième mage (Melchior) de la même composition ; tenant un vase plein d'encens.

Bois. H. 0.64. — L. 0.49.

154   RUBENS (Pierre Paul).

— Étude du troisième mage (Balthazar) ; type mauresque, coiffé d'un turban blanc, tenant dans les mains un coffret renfermant de la myrrhe.

Bois. H. 0.64. — L. 0.49.

*Ces trois tableaux appartiennent à M*ᵐᵉ *la comtesse Amédée de Beauffort, née comtesse de Roose de Baisy.*

155   Inconnu.

Portrait d'homme costumé à la façon du xvie siècle.

Bois. H 0.64. — L. 0.49.

Appartient à M. le comte Ludovic de Robiano.

156   JORDAENS (Jacques).

ANVERS, 1593 — 1678, IBID.

Portrait de la femme du peintre. — Robe rouge, collerette blanche ; chapeau à larges bords surmonté d'une plume ; tenant des deux mains une corbeille appuyée contre sa poitrine.

Toile. H. 0.78. — L. 0.61.

Appartient à M. le prince Galitzine, à Bruxelles.

157   HERRERA (François), le Vieux.

SÉVILLE, 1576 — 1656, MADRID.

L'enfant à la guitare. — Vu de face et assis, l'enfant tient sur ses genoux une guitare sur les cordes de laquelle il promène les doigts.

Toile. H. 0.54 — L. 0.42.

*Appartient à M. ****

158   **TENIERS (David).**

Un concert de village, intérieur : Trois chanteurs
groupés autour d'une table; un joueur de cornemuse et
un vieilleur; au fond un curieux écoutant à la porte;
deux têtes apparaissant à une fenêtre à droite.

Bois. H. 0.39. — L. 0.60.

*Appartient à M. le baron Van de Woestyne d'Herzeele à
Bruxelles.*

159   **COQUES (Gonzales) et
VAN EHREMBERG.**

Le président Roose dans sa galerie de tableaux, occu-
pant une salle de l'hôtel qui est actuellement la résidence
royale à Anvers; les tableaux reproduisent, dans de mi-
nuscules proportions, des œuvres de différents maîtres
flamands de l'époque et sont signés de leurs noms parmi
lesquels on remarque ceux de Pierre Gysels, de Bout, etc.
— L'architecture est de Van Ehremberg.

Toile. H. 1.35. — L. 1.60.

*Appartient à Mme la comtesse Amédée de Beauffort née comtesse
de Roose de Baisy.*

160   **BERCHEM (Nicolas).**

HAARLEM, 1623. — 1683, AMSTERDAM.

Paysage. — Près d'un aqueduc romain un troupeau de
vaches, d'ânes et de moutons; une femme assise sur un
cheval; deux pâtres dont l'un pousse devant lui un âne
qui rue; à droite un chemin passant sous une arche cin-
trée; à gauche la campagne.

Bois. H. 0 37. — L. 0.54.

*Appartient à M. le baron Van de Woestyne d'Herzeele à
Bruxelles.*

161   **MAAS (Nicolas).**

DORDRECHT, 1632 — 1693, AMSTERDAM.

Portrait d'enfant. — Ajustement formé de draperies
jaunes et rouges ; coiffure garnie de plumes ; tenant sur
la main droite un oiseau qu'il défend contre les entre-
prises d'un épagneul.

Bois. H. 0.57. — L. 0.69.

Appartient à M. Prosper Crabbe, à Bruxelles.

162   **HALS (Frans).**

Le joueur de violon. — Un jeune homme, assis près
d'une table, joue du violon pendant qu'une jeune fille,
debout derrière lui, s'apprête à lui verser à boire.

Bois. H. 0.60. — L. 0.53.

Appartient à M. P. Crabbe, à Bruxelles.

163   **MIEREVELD (Michel).**

La veuve. — Jeune femme vêtue de noir ; guimpe et
collerette blanches ; cheveux blonds recouverts d'un
voile noir qui cache le front et tombe sur les épaules.

Signé a° 1625 : M. MIEREVELT.

Bois. H. 0.65. — L. 0.57.

Appartient à M. Prosper Crabbe.

164   **WOUWERMAN (Philippe).**

Cheval blanc, une selle rouge sur le dos, attaché à un
poteau dans une écurie.

Signé au bas, à gauche, du monogramme et daté 1668.

Bois. H. 0.55. — L. 0.40.

*Appartient à S. E. M. le comte de Bloudoff, ministre de Russie
à Bruxelles.*

165   **DYCK (Antoine Van).**

Portrait du président Roose. — Assis sur un siége garni de clous dorés, le président est vêtu d'une robe de velours noir; manchettes plissées, large col couvrant la poitrine. — Au fond une draperie, relevée sur la gauche, laisse voir une partie de la ville de Bruxelles.

Toile. H. 1.23. — L 1.02.

(Gravé par Léonard.)

Appartient à Mme la comtesse Amédée de Beauffort, née comtesse de Roose de Baisy.

166   **WYNANTS (Jean).**

HARLEM, 1600 — 1670, IBID.

Paysage. — Au premier plan un chemin longeant un monticule boisé; sur le bords de la route un homme assis en conversation avec un personnage debout.

Bois. H. 0.26. — L. 0.21.

Appartient à M. le comte de Grune.

167   **METSYS (Quentin).** 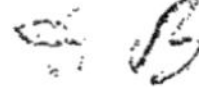

LOUVAIN, 1444 — 1530, ANVERS.

Le Christ couronné d'épines.

Bois. H. 0.39. — L. 0.27.

Appartient à M. Arthur Stevens à Bruxelles.

168   **MURILLO (Bartolomeo Esteban).**

SÉVILLE, 1618 — 1682, IBID.

Nativité.

Toile. H. 0.29 — L. 0.38.

Appartient à M. le comte de Romrée, à Bruxelles.

169   **RUYSCH (Rachel).**

AMSTERDAM, 1664 — 1750, IBID.

Fleurs et insectes. Signé au bas : RACHEL RUYSCH.

Bois. Ovale. H. 0.36 — L. 0.38.

Appartient à M. le baron Van de Woestyne d'Herzeele.

170   **RIBERA (Joseph de).**

Saint François. — Le capuchon de sa robe brune relevé sur la tête qu'il encadre ; tenant de la main droite un bâton et de la gauche un papier sur lequel on lit : Charitas. — Juseppe Ribera 1649.

Toile. H. 0.74. — L. 0.59.

Appartient à M. le prince Galitzine à Bruxelles.

171   **MOREELSE (Paul).**

UTRECHT, 1571 — 1638, IBID.

Portrait de femme âgée. — Robe noire, collerette blanche ; chaîne d'or au cou.

Sur le fond à droite le monogramme de l'artiste.

Bois. H. 0.71. — L. 0.55.

Appartient à M. Émile Wauters à Bruxelles.

172   **NETSCHER (Gaspard).**

HEIDELBERG, 1639 — 1684, LA HAYE.

Une dame assise sur un banc de pierre à l'entrée d'un parc : robe blanche à broderies d'or; manches bleues; accoudée sur un tapis rouge qui recouvre un appui en pierre.

Bois. H. 0.52. — L. 0.42.

Appartient à M. le chevalier de Sequeira.

173 RUYSDAEL (J.) et Ph. WOUWERMAN.

Vue du Vynerberg à La Haye. — Au milieu du tableau le tertre connue sous le nom de Groene Zoodje, sur lequel les frères De Witt furent massacrés.

Toile. H. 0.59. — L. 0.75.

Appartient à M. le comte de Bloudoff à Bruxelles.

174 VELAZQUEZ DE SILVA
(Diego Rodriguez).

SÉVILLE, 1599 — 1660, MADRID.

Le Christ assis sur le sol; les mains attachées par une longue corde à la colonne de flagellation. A droite, un ange montrant le Christ à un enfant agenouillé, en adoration.

Toile. H. 1.65. — L. 2.04.

Appartient à M. Savile Lumley, ministre d'Angleterre.

175 KONINCK (Philippe de).

AMSTERDAM, 1619 — 1689, IBID.

Paysage. — Au premier plan à gauche, une ferme; à droite, un cours d'eau longeant un monticule; un pêcheur au bord de l'eau.

Toile. H. 0.59. — L. 0.85.

Appartient à M. le comte de Bloudoff.

176 VELAZQUEZ DE SILVA
(Diego Rodriguez).

Nature morte. — Un déjeûner : sur une table en pierre un pâté, un pain, un saucisson, une bouteille de vin, un verre à demi-plein, un pot de terre brune.

Toile. H. 0.64. — L. 0.77.

Appartient à M. le comte de Bloudoff à Bruxelles.

177   **SEGHERS (Daniel).**

ANVERS, 1590 — 1661, IBID.

Guirlande de fleurs entourant une sainte Famille peinte par Van Opstal.

Bois. H. 0.63. — L. 0.93.

Appartient à M. le comte Bloudoff à Bruxelles.

178   **KONINCK (Philippe de).**

Paysage. — Au premier plan, des terrains sablonneux ; au fond, horizon étendu où l'on voit poindre des clochers et des maisons.

Toile. H. 0.50. — L. 0.60.

Appartient à M. le comte de Bloudoff.

179   **SOOLMAKER (J. Ph.)**

ÉCOLE HOLLANDAISE, XVIIe SIÈCLE.

Paysage. — Au premier plan, un pâtre debout et une paysanne assise ; troupeau de vaches, de moutons et de chèvres au repos ; à gauche, colline boisée ; à droite, campagne terminée par une chaîne de montagnes.

Bois. H. 0.47. — L. 0.63.

Appartient à M. le comte C. Du Chastel.

180   **HELST (Bartholomeus Van der).**

HAARLEM, 1613 — 1670, AMSTERDAM.

Portrait d'homme. — Buste : pourpoint brun ; gorgière en fer damasquiné ; collerette blanche ; chaîne d'or.

Bois. H. 0.60. — L. 0.50.

(Collection Reyter.)

Appartient à M. le baron de Meyendorf à Bruxelles.

181   **VELAZQUEZ.**

Portrait du comte d'Olivarès. — Pourpoint noir et col blanc; tourné vers la gauche. — Buste, gr. nat.

Toile. H. 0.68. — L. 0.50.

Appartient à M. le comte de Romrée à Bruxelles.

182   **KEYSER (De).**

Vanitas. — Sur une table un globe terrestre, une tête de mort, des livres, un violon et une plume.

Bois. H. 0.15. — L. 0.19,

*Appartient à M. ***.*

183   **OSTADE (Adrien Van).**

Un chat dans un cellier, couché sur des bottes de paille près desquelles est un œuf cassé.

Bois. H. 0.14. — L. 0.14.

(Collection De la Hante.)

*Appartient à M. ***.*

184   GOYA Y LUCIENTES (Francisco)

Fuendetadas, 1746 — 1828, Bordeaux.

La jeune fille à la rose. — Corsage rayé gris et blanc, jupe blanche; bonnet blanc garni de rubans et de fleurs surmontant une chevelure touffue pendante; guimpe blanche et fichu de dentelle noire; assise sur une chaise de bois, tenant une rose entre les mains posées sur ses genoux.

Décrit dans l'ouvrage de M. Ch. Yriarte sur Goya.

Toile. H. 1.02. — L. 0.81.

(Collection du patriarche des Indes.)

*Appartient à M. ***.*

185   **POTTER (Paul).**

Un loup, grandeur de nature, assis au premier plan, guettant une proie; à gauche, un rocher couronné d'arbres; à droite, une vallée.

Toile. H. 1.68. — L. 1 27.

Appartient à M. le comte de Bloudoff à Bruxelles.

186   **MAAS (Nicolas).**

Deux enfants assis sur un tertre recouvert d'un tapis rouge; l'un d'eux, en robe jaune orange, coiffé de plumes rouges, tient des fleurs de la main droite et appuye la gauche sur le cou d'un mouton couché à ses côtés; l'autre, en robe lilas clair, coiffé de plumes blanches, tient une cerise de la main droite et arrête, de l'autre, un épagneul qui veut s'élancer; fond de paysage.

Toile. H. 1.12. — L. 1.03.

Appartient à M. Gallait.

187   **FRANCK et P. BREUGHEL.**

Histoire de Noé représentée dans une série de composition ayant décoré les compartiments d'un meuble : Noé averti par Dieu; construction de l'arche; entrée des animaux dans l'arche; le déluge, sortie de l'arche; Noé plantant la vigne; Noé ivre et ses fils, etc.

Bois.

Appartiennent à M. Engels à Bruxelles.

188   **SAVERY (Roelandt),**

COURTRAI, 1576 — 1639, UTRECHT.

Prise de Courtrai. — Pillage des faubourgs de la ville: des soldats, cavaliers et fantassins conduisant des charrettes chargées de meubles et malmenant les paysans qui défendent leur bien; une ferme à la gauche du premier plan; au fond la ville de Courtrai, effet de neige.

Bois. H. 0.48. — L. 0.67.

Appartient à M. le chevalier de Sequeira.

189   **WILSON (Richard).**

Colomondie (Pays de Galles), 1713 — 1782, Ibid.

Paysage. — Au premier plan à gauche, un peintre assis au bord d'un lac est occupé à dessiner; une barque chargée de passagers, s'approche du rivage; à droite, vers le fond, un château flanqué de tourelles; à gauche le lac au milieu duquel est un îlot.

Bois. H. 0.34. — L. 0.46.

Appartient à M. Picard, président du Conseil provincial du Brabant.

190   **BREKELEMKAM (Quiryn).**

École hollandaise, XVIIe siècle.

Les couturières. —Intérieur hollandais; deux ouvrières assises, occupées à coudre, ayant pour appui un coussin posé sur leurs genoux; ajustées toutes deux de même : robe brune et guimpe blanche, coiffées d'un bonnet de linge; au fond, accrochés au mur, un portrait d'homme et une carte de géographie; à gauche, une fenêtre ouverte.

Bois. H 0.46 — L. 0.63.

Appartient à M. Picard.

191   **RUYSDAEL (Salomon).**

Arrivée de la marée. — Au premier plan commencent les ondulations sablonneuses des dunes qui s'étendent vers la droite; des pêcheurs s'apprêtent à transporter à la ville le poisson qu'ils viennent de débarquer; une charrette attelée de deux chevaux, entourée de personnages; à gauche, la mer; plusieurs barques de pêcheurs près de la côte; au loin de nombreuses voiles.

Bois. H. 0.37. — L. 0.50.

Appartient à M. Picard.

192   **SPINELLO ARETINO**.

Arezzo, 1330 — 1408 ? Ibid.

La vierge avec l'enfant Jésus qu'elle tient debout devant
elle; nimbes d'or gravés; fond bleu sur lequel se déta-
chent des roses rouges et blanches tenant à de longues
branches entrelacées.

Peinture sur bois de cèdre couvert d'un enduit de
plâtre.

H. 0.67. — L. 0.46.

Appartient à M. ***

193   **POEL (Egbert Van der)**.

Rotterdam, XVIIe siècle.

Delft après l'explosion de la poudrière. — Vue de la
ville prise en dehors de l'enceinte; plusieurs clochers
d'églises percent au dessus des maisons; les premiers
plans sont animés par de nombreuses figures.

Au bas vers la gauche; *Van der Poel* 1654, 12 *october*.

Bois. H. 0.24. — L. 0.34.

Appartient à M. Charles Pillet à Paris.

194   **TIEPOLO (Jean Baptiste)**.

Venise, 1697 — 1770, Madrid.

Adoration des mages. — A gauche la vierge tenant
l'enfant Jésus; près d'elle St Joseph; deux mages age-
nouillés; le troisième debout près d'un page portant un
vase d'or.

Toile. H. 0.54. — L. 0.40.

Appartient à M. le chevalier de Sequeira.

195   **GUARDI (Francesco)**.

Venise, 1712 — 1793, Ibid.

Vue d'Italie. — Ruines romaines; figures.

Bois. H. 0.37. — L. 0.80.

Appartient à M. A. Picard.

4

196   **CARRACHE. (A.)**

Un martyre, attaché par les deux bras aux parois d'un
rocher.

Toile. H. 1.27. — L. 0.96.

Appartient à M. le comte de Romrée.

197   **GUARDI (Francesco).**

Vue d'Italie. — Un aqueduc en ruine traverse hori-
sontalement le tableau ; au premier plan un paysan et un
jeune garçon. — Pendant du n° 195.

Bois. H. 0.37. — L. 0.50.

Appartient à M. A. Picard.

198   **GHIRLANDAJO (Domenico).**

Florence, 1449 — 1498? Ibid.

La vierge tenant entre ses bras l'enfant Jésus sur un
appui couvert d'un tapis rayé blanc et rouge ; sur cet
appui un verre contenant des fleurs, fond de paysage,
où l'on voit un lac fermé par de hautes montagnes.

Cuivre. — Cintré. H. 0.59 — L. 0.33.

*Appartient à M. ***.*

199   **VERSTEEG (Michel).**

Dordrecht, 1756 — 1843, Ibid.

L'écrivain. — Effet de lumière.

Bois. H. 0.17. — L. 0.15.

Appartient à Mme la comtesse de Looz-Corswarem.

200   **SAVERY (Roelandt).**

Une grotte dans laquelle tombe une cascade en un
bassin où s'abreuvent deux cerfs ; sur un fragment de
rocher une grue et un pélican ; au delà de la grotte vue
étendue de paysage. — Signé.

Bois. H. 0.18. — L. 0.23.

Appartient à Mme la princesse de Looz-Corswarem.

201   **VERSTEEG (Michel).**

Le liseur. — Effet de lumière. — Pendant du n° 199.

Bois. H. 0.17. — L. 0.15

Appartient à Mme la princesse de Looz-Corswarem.

202   **SCHALKEN (Godefroid).**

DORDRECHT, 1643 — 1706, LA HAYE.

Allégorie de la vie humaine. — Un enfant ailé, un bouquet de roses au sommet du front, faisant des bulles de savon devant une tête de mort près de laquelle est une torche allumée.

Bois. H. 0.20. — L. 0.16.

(Collection Van Slingelandt, 1785. — Décrit par Descamps et par Smith.)

Appartient à M. Van Hoobrouck de Ter Hulle à Bruxelles.

203   **DYCK (Van).**   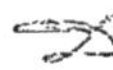

Portrait d'homme. — Vêtu de noir, coiffé d'une calotte noire d'où s'échappent des cheveux bouclés ; tenant à la main un papier sur lequel sont tracés des caractères d'écriture. — Provenant de la galerie des ducs d'Hiyar, à Madrid.

H. 0.80 — L. 0.68.

Appartient à M. Saville Lumley à Bruxelles.

204   **RUYSDAEL (Salomon).**

Paysage. — Au premier plan un étang d'où part un chemin grimpant vers une ferme, à droite ; au fond, à gauche des prairies coupées de haies ; sur le flanc de la colline paissent des moutons.

Bois. H. 0.57. — L. 0.65.

Appartient à M. Van Hoobrouck de Ten Hulle à Bruxelles.

205   **MIEREVELD (Michel).**

Portrait de femme âgée. — Debout près d'une table recouverte d'un tapis rouge. Elle est vêtue de noir ; collerette et manchettes en guipure ; collier de perles ; tenant un éventail de la main droite ; la main gauche pendante. Sur le fond à droite A° 1641, MIEREVELD.

Bois. H. 1.19. — L. 0.84:

Appartient à M. Van Hoobrouck de Ten Hulle, à Bruxelles.

206   **CUYP (Jacob Gerritze).**

DORDRECHT, 1575.

Portrait d'Elias Van Oldenbarenevelt, pensionnaire de Rotterdam. — Longue barbe grise ; manteau noir garni de fourrure brune ; bonnet de velours noir. — Buste ; gr. nat.
(Daté 1623 ; conservé dans la famille d'Oldenbarneveld).

Bois. H. 0.62. — L. 7.51.

Appartient à M. Van Lansberg.

207   **STEEN (Jan).**

L'opérateur de village. — Le patient est assis ; baissé devant lui, l'opérateur lui place une emplâtre sur la jambe ; une femme, la mère du client, regarde faire ; dans le fond un quatrième personnage près d'une fenêtre ; contre la muraille rayon garni de fioles et de pots.
Signé sur la chaufferette servant d'appui au pied du patient.

Bois. H. 0.33. — L. 0.28.

Appartient à M. Van Hoobrouck.

208   **KEYSER (Théodore de).**

Portrait d'homme en pied. — Debout, vêtu de noir, col blanc, bas rosés ; tenant un feutre noir à larges bords de la main droite appuyée sur une console; la main gauche sur la hanche.

Toile. H. 0.40. - L. 0.35.

Appartient à M. Portaels à Bruxelles.

209   **DYCK (Ant. Van).**

Groupe de trois anges dans les airs. — Au sommet apparaît, dans les nuages, une tête de séraphin.

Appartient à M. le comte de Romrée à Bruxelles.

210   **GILLOT (Claude).**

Langres, 1673 — 1722, Ibid.

Le concert champêtre. — Deux dames assises sur un banc; derrière elle un cavalier se penchant vers un livre de musique que l'une d'elles tient sur ses genoux; devant ce groupe un guitariste vêtu de rouge; fond de paysage.

Toile. H. 0.49. — L. 0.63.

Appartient à M. A. Picard.

211   **RIBERA (Joseph de).**

Saint Jérôme en prière. — Debout devant une table en pierre où sont un crucifix, des livres et un cierge allumé; il tient dans les mains une tête de mort.

Toile. H. 0.85. — L. 1.02.

Appartient à M. Camille Lemonnier.

212 **PRUD'HON** (Pierre).

Cluny, 1758 — 1823, Paris.

Frise en trois compartiments représentant, dans des compositions allégoriques les différentes applications de l'activité humaine. — Dessin.

*Appartient à M. ***.*

213 **RUYSDAEL** (Jacques).

La ferme. — Au premier plan une ferme au bord d'une mare où barbotent des canards ; à gauche de grands arbres à travers lesquels apparaît une échappée de paysage.

Bois. H 0.25. — L. 0.32.

Appartient à M. le comte C. Du Chastel.

214 **BACKUIZEN** (Ludolf).

Une flotte en pleine mer. — Un grand vaisseau sous pavillon hollandais autour duquel sont groupés d'autres navires de différentes grandeurs et plusieurs barques.

Toile. H. 0.55. — L. 0.76.

Appartient à M. Jules Delebecque.

215 **CUYP** (Albert).

Le mangeur de moules. — Intérieur hollandais ; un homme, assis devant un tonneau sur lequel est posé un plat de moules, avale un des mollusques qu'il vient d'ouvrir ; devant lui deux enfants qui le regardent en riant ; deux personnages se montrent au dessus de la séparation d'une demi porte ouverte ; au premier plan, près du tonneau, un chien. — Répétition en hauteur du tableau du musée de Rotterdam.

Bois. H. 0.77. — L. 0.65.

(Collection Hunburg-Fracey à Londres. Décrit dans Smith, t. V, 335.)

Appartient à M. Van Hoobrouck de Ten Hulle.

216   **LINGELBACH (Jean).**

FRANCFORT-SUR-MEIN, 1625 — 1687, AMSTERDAM.

Le rendez-vous de chasse. — A gauche une fontaine surmontée d'une statue, avec une vasque où des piqueurs font boire leurs chevaux; près de la fontaine un cavalier en habit rouge et une dame en robe jaune; plus loin un cavalier dont un piqueur rajuste l'étrier.

Toile. H. 0.51. — L. 0.72.

Appartient à M. Jules Delebecque.

217   **HOPPNER (John).**

. . . . . , 1759 — 1819, LONDRES.

Portrait de jeune garçon.

Bois. H. 0.10. — L. 0.08.

Appartient à M. Paul Tesse à Paris.

218   **CLOVIO Don Giulio).**

ÉCOLE ITALIENNE, XVIᵉ SIÈCLE.

Pieta. — Miniature.

H. 0.15. — L. 0.10.

219   **MURILLO (Esteban).**

La nativité. — Esquisse faite pour le tableau représentant le même sujet qui se trouve à la galerie du Louvre.

Vente de Mᵐᵉ la duchesse de Berry.

Toile. H. 0.25. — L. 0.44.

Appartient à M. Savile-Lumley à Bruxelles.

220   **BEGA (Cornélis).**

HAARLEM, 1620 — 1664, IBID.

Intérieur rustique. — Un paysan et une femme assis
sur un banc; celui-là prenant des libertés avec sa com-
pagne.

Bois. H. 0.28. — L. 0.23.

Appartient à M. le comte de l'Espine.

221   **HOLBEIN (Hans), le Jeune.**

Portrait d'homme assis près d'une table sur laquelle il
a la main droite posée; ajustement de velours noir garni
de fourrure. — Le tableau porte cette inscription : *Ætatis
suæ* 59.

Toile. H. 0.94. — L. 0.88.

222   **HOLBEIN (Hans), le Jeune.**

Portrait de femme assise ; robe de velours noir garnie
de fourrure; coiffeur : guimpe et manchettes blanches;
les mains croisées sur les genoux. — Pendant du portrait précédent; même date; inscription : *Ætatis suæ* 36.

Toile. H. 0.94. — L. 0.80.

Ces deux portraits appartiennent à M. le colonel de Formanoir.

223   **WYNANTS.**

Paysage. — Terrains sablonneux; à droite monticule
que gravit un paysan chargé d'un fardeau; au sommet
une femme près d'une barrière fermée; à gauche une
vaste plaine accidentée; à la droite du premier plan un
pêcheur près d'une mare.

Bois. H. 0.29. — L. 0.37.

Appartient à M. Van Hoobrouck de Ten Hulle.

224   **BREUGHEL (Abraham).**

Anvers, 1672 — 1720, Ibid.

Fleurs. — Dans un verre posé sur une table de marbre un bouquet de tulipes, d'œillets et de renoncules ; sur la table des insectes.

Signé du monogramme : A. et B. réunis.

Bois. H. 0.30. — L. 0.22.

Appartient à M. le comte C. Du Chastel.

225   **PAPE (A. De)**

École hollandaise 17e siècle.

Intérieur de cuisine. — Une femme, debout devant un tonneau renversé qui lui sert de table, est occupée à nettoyer un chaudron ; un jeune garçon armé d'une petite pompe, fait jaillir de l'eau dans sa direction ; au premier plan, des ustensiles de cuisine à terre ; au fond, une cheminée et un escalier tournant.

Bois. H. 0.48. — L. 0.40,

Appartient à M. le comte C. Du Chastel.

226   **BREUGHEL (Abraham).**

Fleurs. — Dans un verre, sur une tablette de marbre, un bouquet où les roses dominent ; un papillon. — Signé à droite des mêmes initiales que le tableau n° 224 mais autrement formées, l'A comme dans le monogramme de Dürer, renfermant le B. daté 1610.

Bois. H. 0.30. — L. 0.22.

Appartient à M. le comte C. Du Chastel.

227   **PYNACKER.**

PYNACKER (HOLLANDE), 1621 — 1673, IBID.

Paysage. — Au premier plan une jeune femme, conduisant des ânes chargés, s'arrête pour causer avec un paysan ; à gauche, une rivière avec un pont et un moulin à eau ; plus loin, une tour ronde ; terrasses chargées de bouquets d'arbres et montagnes élevées au fond.

Bois. H. 0.48. — L. 0.40.

Appartient à M. le comte C. Du Chastel.

228   **TENIERS (David).**

Un trio de fumeurs. — Intérieur : près d'une cheminée un homme en jaquette bleue, chausses jaunes et bonnet rouge, assis ; un second fumeur également assis sur un banc et vu de profil ; un troisième debout ; au fond, une femme apparaît sur le seuil d'une porte ; au premier plan, un tonneau renversé sur lequel sont placés un broc et un pot à feu.

Signé au bas de la droite : D. TENIERS FEC.

Bois. H. 0.25. — L. 0.19.

Appartient à M. le comte C. Du Chastel.

229   **KOEDYCK (Nicolas).**

ZAANDAM, 1680,

L'atelier de Gérard Dov. — L'artiste, vêtu d'une longue robe de chambre garnie de fourrure et d'un bonnet surmonté d'une plume bleue, est assis devant une table où se trouve un livre ouvert ; près du chevalet retourné, un pilier auquel est accroché un violon ; au premier plan, un tambour, un casque et un bouclier ; à gauche, une fenêtre ; à droite, un escalier dans l'ombre.

Bois. H. 0.45. — L. 0.35.

Appartient à M. le comte C. Du Chastel.

230   **VOIS (Ary ou Adrien de)**.

LEYDE 1841.

Officier bourrant une pipe. Le personnage est assis ;
uniforme bleu à boutons d'argent, baudrier rouge,
bonnet de fourrure.

Bois. H. 0.22. — L. 0.16.

Appartient à M. le comte C. Du Chastel.

231   **BOILLY (Louis Léopold)**.

LA BASSÉE (PRÈS DE LILLE), 1761. — 1845, PARIS.

Les deux sœurs. — Un jeune fille vêtue de blanc, portant sa sœur dans ses bras, s'apprête à gravir les marches
d'un escalier à l'entrée d'un parc.

Toile. H. 0.47. — L. 0.39.

Appartient à M. le comte de l'Espine.

232   **GUARDI (Francesco)**.

VENISE, 1712 — 1793, IBID.

Retour de la fête du Bucentaure. — D'innombrables
gondoles sur le canal, au fond duquel on voit le pont du
Rialto.

Toile. H. 0.76. — L. 1.24.

*Appartient à M. ***.*

233   **DAEL (Jean Van)**.

ANVERS, 1764 — 1840, PARIS.

Fleurs. — Un bouquet de roses dans un vase de
cristal posé sur une table de marbre.
Signé : I. V. D.

Bois. H. 0.47. — L. 0.37.

Appartient à M. le comte de l'Espine.

234 **RUYSDAEL (Salomon).**

La rivière. — Les bords escarpés du cours d'eau fuient perpendiculairement ; ils sont garnis de groupes de maisons et de bouquets d'arbres ; un bac chargé de personnages et d'animaux traverse la rivière, se dirigeant vers la droite ; au fond des barques à voiles amarrées.

Bois. H. 0.39. — L. 0.36.

Appartient à M. le comte C. Du Chastel.

235 **NEER (Eglon Van der).**

Tobie et l'ange. — Tobie, en pourpoint jaunâtre et manteau violet, assis au pied d'un arbre, tenant un bâton de la main gauche. Debout près de lui, l'ange semble lui parler ; à ses pieds est le poisson. A droite, massif d'arbres ; à gauche, perspective étendue.

Bois. H. 0.29. — L. 0.22.

Appartient à M. Suermondt.

236 **GOYEN (Van).**

Paysage. — Au premier plan, terrains accidentés ; à gauche, une femme assise près de laquelle sont un homme et un enfant debout ; à droite, une prairie avec des meules de foin ; dans le fond une ville derrière des bouquets d'arbres.

Bois. H. 0.31. — L. 0.42.

Appartient à M. le comte C. Du Chastel.

237 **RUYSDAEL (Salomon).**

Le Moerdych. — Signé du monogramme sur la barque qui occupe le milieu du tableau.

Bois. H. 0.35. — L. 0.31.

*Appartient à M. ***.*

(Collection De la Hante.)

238   **CUYP (Albert).**

Jeune garçon coiffé d'une large feutre, en habit brun, large cravatte blanche, tenant une oie; dans une de ses mains est un papier sur lequel sont tracés ces mots : *mon oie faict tout.*

Bois. H. 0.23. — L. 0.26.

Appartient à M. le comte C. Du Chastel.

239   **CUYP (Albert).**

Le dessinateur. — Au premier plan, sur un large plateau, un artiste, vu de dos, occupé à dessiner ; près de lui un jeune homme tenant par la bride deux chevaux, un bai et un blanc; au bas du plateau se déroule une vaste plaine.

Bois. H. 0.27. — L. 0.43.

(Collections du comte Granville et De la Haute. — Décrit par Smith. Suppl. p. 655.)

*Appartient à M.***.*

240   **CUYP (Albert).**

Jeune fille en robe bleue, col blanc, large chapeau de paille, tenant un coq; près d'elle un panier rempli d'œufs.

Bois. H. 0.23. — L. 0.26.

Appartient à M. le comte C. Du Chastel.

241   **MORLAND (Georges).**

Londres, 1763 — 1804, Ibid.

Les deux cochers. — Une servante, sur la porte d'une habitation, en conversation avec deux cochers; au fond une berline arrêtée; paysage, effet de neige.

Toile. H. 0.39. — L. 0.30.

*Appartient à M.***.*

242   HONDECOETER (Melchior de).

UTRECHT, 1636 — 1695, IBID.

Un coq, un canard avec de petits oiseaux sur une table de marbre.

Toile. H. 0.60. — L. 0.50.

(Collection de la Villestreux, 1872.)

Appartient à M. le baron de Meyendorf à Bruxelles.

243   AELST (Willem Van).

DELFT, 1620 — 1679, IBID.

Fruits. — Des pêches et des raisins sur une table en pierre.

Signé sur le rebord de la table et daté.

Bois. H. 0.44. — L. 0.52.

Appartient à M. Kruseman.

244   MURILLO (Esteban).

La vierge et l'enfant Jésus. — Réduction du tableau de la galerie Corsini à Madrid.

Toile. H. 0.80. — L. 0.60.

(Acquis en Espagne par M. Tranke en 1830.)

Appartient à M. le baron de Meyendorf à Bruxelles.

245   RUYSDAEL (Jacques).

Le château de Bentheim. — Au premier plan une chute d'eau entre deux masses de rochers; troncs d'arbres renversés; au second plan à droite le château éclairé par le soleil couchant; à droite épais fourré; au fond à gauche, au delà du large cours d'eau d'où provient la cascade, paysage accidenté.

Toile. H. 0.68. — L. 0.52.

*Appartient à M. ***.*

246   RUYSDAEL (Salomon).

Environs de Dordrecht. — Au premier plan, à gauche,
un monticule où sont des vaches sous un grand arbre ; à
droite un canal sur lequel glisse une barque ; au fond
les clochers de la ville.

Bois. H. 0.35. — L. 0.60.

Appartient à M. Van Hoobrouck.

247   BREKELEMKAM (Quiryn).

La liseuse. — Intérieur : une vieille femme, assise près
d'une fenêtre ouverte, lisant dans un livre posé sur ses
genoux ; au milieu de la chambre une table chargée de
vivres ; au fond à droite un homme, vu de dos, assis
devant une grande cheminée ; des ustensiles de ménage
épars sur le sol.

Au milieu le monogramme du maître.

Bois. H. 0.35. — L. 0.31.

Appartient à M. le comte Du Chastel.

248   HALS (Frans).

Le bourgmestre de Haarlem. — Vêtu d'un pourpoint
et de chausses noirs, un manteau noir sur l'épaule gauche ; manchettes blanches plissées ; coiffé d'un large
feutre ; tenant un gant de la main droite pendante ;
l'autre main sur la hanche.

Toile. H. 1.19. — L. 0.91.

Appartient à M. Charles Pillet à Paris.

250 **METSU (Gabriel).**

L'usurier. — Près d'une table couverte de pièces d'or
et d'argent et sur laquelle se trouve une cassette ouverte, est assis un homme en habit brun, manteau gris,
coiffé d'un bonnet rouge; une femme s'approche de lui
en pleurant et lui présente un papier.

Signé en toutes lettres et daté 1654 sur un des actes
épars sur la table.

Toile. H. 0.73. — L. 0.65.

*Appartient à M. ****.

251 **GOYEN (Van).**

Paysage. — Bords sinueux d'une large rivière; au premier plan, à gauche, une ferme près de la rive où sont
amarés des barques; au fond des terrains garnis de bouquets d'arbres et d'habitations; à la droite du premier
plan une pêcherie.

Bois. — Rond. 0.38.

Appartient à M. Charles Pillet à Paris.

252 **GOYEN (Van).**

La halte. — Sous un arbre, au milieu du tableau un
groupe de soldats; près de là une charrette attelée de
deux chevaux pleine d'hommes d'armes; à droite une
ferme sur la lisière d'un bois. — Pendant du précédent.

Bois. — Rond. 0.38.

Appartient à M. Charles Pillet à Paris.

255   PANTOJA DE LA CRUZ (Juan).

Madrid, 1551 — 1610, Ibid.

Portrait de Philippe IV, roi d'Espagne, enfant. — Couvert de riches vêtements blancs brodés d'or, ayant attachés à sa ceinture différents jouets et autour du cou une chaîne d'or à laquelle pend une médaille, le royal enfant est assis sur un coussin rouge brodé d'or. Sur ce coussin un papier où sont tracés ces mots : *Ju. Pantoja (de la re) giæ majestates Philippi Camerarius pictor faciebat* 1507.

Toile. H. 0.90. — L. 0.84.

Appartient à M. le colonel de La Formanoir.

254   VELAZQUEZ DE SILVA.

Portrait de l'infante Marie-Thérèse (fille de Philippe I V) enfant. — Richement ajustée; robe blanche et manteau rouge rayé d'argent, ayant des jouets pendus à sa ceinture, l'enfant est debout près d'une table couverte d'un tapis rouge sur laquelle elle pose sa main droite tenant une pomme.

Toile. H. 0.90. — L. 0.84.

Appartient à M. le colonel de La Formanoir.

255   DUCQ (Jean Le).

La Haye, 1636 — 1671, Ibid.

Le partage du butin. — Dans l'intérieur d'un corps de garde sont des officiers et des solats qui se partagent le produit de leur dernier pillage, sans avoir égard aux supplications de femmes captives qui réclament leurs bijoux.

Bois. H. 0.45. — L. 0.73.

On a ajouté à ce tableau la fausse signature de Gérard Dov.

(Galerie du duc de Morny.)

*Appartient à M. ***.*

256   **STEEN (Jean).**

Le concert de famille. — Autour d'une table sont les
exécutants : une femme ayant devant elle un livre de musique ouvert ; un jeune homme jouant du flageolet. Près
de la fenêtre un beau débraillé, à la mine joyeuse (c'est
Jean Steen lui-même) étendu sur un banc et jouant du
théorbe. Derrière la table trois personnages debout ; au
fond, à droite, entre un valet porteur d'un plateau garni
de rafraichissements.

Signé en toutes lettres et daté 1666 sur un morceau de
musique posé sur la table.

Toile. H. 0.86. — L. 1.00.

(Décrit par Smith, t. IV, n⁰ 176 et par Van Westhreene : *Jan
Steen*, p. 127.)

(Collection de Sir Charles Bagot.)

*Appartient à M. ***.*

257   **VELDE (Guillaume Van de).**

AMSTERDAM, 1633 — 1707, LONDRES.

Flotte en rade. — Grand nombre de navires de l'un
dequels part un coup de canon, au second, plan à gauche ; eau calme.

Bois. H. 0.45. — L. 0.62.

*Appartient à M. ***.*

258   **KEULEN (Janson Van).**

AMSTERDAM, 1590 — 1665, IBID.

Portrait d'homme à longue chevelure bouclée tombant
sur ses épaules ; costume noir, col blanc en guipure ;
tenant un gant de la main pendante. — *A mi-corps gr.
nat.*

Toile. H. 0.85. — L. 0.69.

Appartient à M. Van Houbrouck de Ten Hulle.

259   BOSSCHE (Balthazar Van den).

La visite au médecin. — Deux femmes en consulta-
tion chez le médecin; celui-ci debout devant une table
à la droite du premier plan.

Toile. H. 0.38. — L. 0.56.

*Appartient à M. ***.*

260   KEULEN (Janson Van).

Portrait de femme : vêtue de noir; guimpe blanche. *A
mi-corps gr. nat.*
Pendant du n° 258.

Toile. H. 0.85. — L. 0 69.

Appartient à M. Van Hoobrouck de Ten Hulle.

261   GOYEN (Van).

Environs de Dordrecht. — Au premier plan un bateau
sous voile remorquant une barquette; à gauche des
pêcheurs dans une barque retirant leurs filets; plus loin
les ruines du château de Herwede; au fond, vue de la
ville de Dordrecht.

Signé du monogramme de l'artiste et daté 1646 sur
une planche de la barque.

Bois. H. 0.35. — L. 0.60.

Appartenant à M. Paul Tesse, à Paris.

262   WITTE (Emmanuel de).

ALKMAAR, 1607 — 1692, AMSTERDAM.

Intérieur d'église. — Le prêtre est en chaire et prêche
devant un nombreux auditoire.

Toile. H. 0.40. — L. 0.64.

Appartient à M. le comte Ludovic de Robiano, à Bruxelles.

263   **VERSCHUUR (Lievin).**

ROTTERDAM . . . . .

La Meuse devant Dordrecht. — Au premier plan, une barque de pécheurs ; au second plan, à droite, des navires sous voile ; à gauche, une embarcation près d'une esta-cade ; au fond, la ville de Dordrecht.

Signé en toutes lettres sur une barque au premier plan.

Toile. H. 0.89. — L. 1.14.

(Collection du baron de Mecklenbourg.)

*Appartient à M. ***.*

264   **MEER (Van der), de Delft.**

La correspondance. — Jeune femme assise sur une chaise de cuir, devant une table couverte d'un tapis bleu : jaquette jaune garnie d'hermine, coiffure retrous-sée, rubans dans les cheveux, elle est occupée à écrire, les yeux tournés vers le spectateur ; sur la table une cassette et un collier de perles.

Toile. H. 0.43. — L. 0 39.

Appartient à M. le comte Ludovic de Robiano.

265   **HEYDEN (Jean Van der).**

GORINCHEM, 1637 — 1712, AMSTERDAM.

Entrée d'un château fort — Figures par Adr. Van de Velde. — A gauche, le château fort auquel conduit un pont à deux arches jeté sur un cours d'eau rapide. A droite, un personnage assis sur l'escarpement des ter-rains qui bordent la rivière ; d'autres personnages sur la route et sur le pont. Au second plan, un groupe de mai-sons d'où se détache le clocher d'une église ; plus loin des terrains accidentés.

Signé en toutes lettres.

Bois. H. 0.45. — L. 0.60.

(Galerie Delessert.)

*Appartient à M. ***.*

266   MIEREVELD (Michel).

Portrait d'homme : cheveux courts, barbe et moustaches; pourpoint noir et large fraise tuyautée; la poignée dorée d'une épée sort du bas du cadre. — *Buste gr. nat.*

Bois. H. 0.70. — L. 0.65.

Appartient à M. Cardon à Bruxelles.

267   MIEREVELD (Michel).

Portrait de femme : robe de velours noir garnie de fourrure et d'ornements en jais; grande collerette tuyautée; manchettes plissées. — *Buste gr. nat.*

Bois. H. 0.74. — L. 0.65.

Appartient à M. Cardon à Bruxelles.

268   CUYP (Albert).

Tête de vache : étude.

Bois. H. 0.19. — L. 0.15.

Appartient à M. De Haas, à Bruxelles.

269   RAVENSTEIN (Jean Van).

Portrait d'homme : cheveux courts et barbe effilée; pourpoint noir, manteau noir garni de fourrure, fraise blanche; mettant son gant de la main gauche. — *Figure à mi-jambes; gr. nat.*

Bois. H. 1 05. — L. 0.76.

Appartient à M. Gallait.

270   DYCK (Van).

Assomption de la Vierge.

Toile. H. 1.040. — L. 1.014.

Appartient à M. le marquis d'Assche.

271 **CUYP (Albert).**

Deux enfants dans le même cadre ; l'un tenant un arc et des flèches, l'autre ayant à la main un perchoir sur lequel est un oiseau. Les deux figures sont en pied.

Bois. H. 1.06. — L. 0.77.

Appartenant à M. le comte C. du Chastel.

272 **MOLENAER (Nicolas).**

AMSTERDAM, 1649.

Paysage. — A droite une ferme et un pont dont l'entrée est flanquée de tours ; à gauche rivière sillonnée d'embarcations ; au premier plan un groupe de personnages composé de deux hommes assis, d'une femme et d'un enfant debout.

Bois. H. 0.46. — L. 0.62.

*Appartient à M. ***.*

273 **VEENIX (Jean-Baptiste).**

Le Départ. — A gauche, une dame assise sur un banc de pierre ; elle est vêtue d'une robe rouge et d'un manteau bleu ; à ses côtés un homme drapé dans un large manteau violet ; devant elle un cavalier vêtu de gris, monté sur un cheval bai, s'arrête pour la saluer ; au fond, un valet tenant un cheval ; intérieur de parc.

Toile. H. 1.09. — L. 1.35.

Appartient à M. le comte de Bloudoff.

274 **TENIERS (David).**

Paysage. — Au premier plan, une femme occupée à traire une vache, près d'elle un pâtre ; à gauche, un bloc de rocher et un bouquet d'arbres ; à droite, sur la pente d'une colline, des moutons ; au fond, terrains accidentés et groupes de maisons. — *Signé.*

Cuivre. H. 0.47. — L. 0 65.

Appartient à M. Tesse, à Paris.

275   **RAVENSTEIN (Jean Van).**

Portrait de femme en robe noire, manches à crevés blancs, fraise blanche et bonnet garni de guipure encadrant des cheveux bruns légèrement bouclés sur le front. — *Buste gr. nat*

Bois. H. 0.69. — L. 0.59.

Appartient à M. Cardon à Bruxelles.

276   **MURILLO (Esteban).**

Portrait d'homme : longs cheveux noirs tombant sur les épaules; ajustements noirs, col blanc.—*Buste gr. nat.*

Toile. H. 0.67. — L. 0.55.

Appartient à M. le ministre du Chili.

277   **TENIERS (David).**

Tentation de saint Antoine. — Le saint en prière, à l'entrée d'une grotte; une vieille lui parle en étendant la main dans la direction de la grotte; autour de lui un cercle d'animaux fastastiques.

Bois. H. 0.52. — L. 0.82.

Appartient à M. Émile Wauters à Bruxelles.

278   **SNAYERS (Pierre).**

ANVERS, 1593 — 1663 ? BRUXELLES.

Choc de cavalerie : au fond un village; plaine terminée par des monticules.

Toile. H. 0.77. — L. 1.18.

Appartient à M. le marquis d'Assche.

279   **BREKELÊNKAM (Quiryn).**

La dentellière. — Intérieur : une femme assise, ayant sur ses genoux un carreau de dentellière ; à sa droite, un jeune garcon tenant une raquette et une petite fille assise jouant avec une poupée ; à sa droite, un enfant endormi dans un berceau ; près de la fenêtre, à gauche, une table couverte des apprêts d'un repas ; au fond, à droite, une grande cheminée.

Bois. H. 0.57. — L. 0.75.

Appartient à M. Van Hoobroeck.

280   **HOOGSTRATEN (Samuel Van).**

Dordrecht, 1627 — 1678, Ibid.

Intérieur : une jeune femme assise, tenant un enfant sur ses genoux ; près d'elle un cavalier saluant, le chapeau à la main, une visiteuse qui vient d'entrer et à laquelle une camériste présente une chaise ; dans le fond, une vieille femme s'appuyant sur le berceau de l'enfant.

Toile. H. 0.78. — L. 0.98.

Appartient à M. le comte Ludovic de Robiano à Bruxelles.

281   **HEEM (Corneille de).**

Utrecht vers 1830. — . . . . .

Nature morte : Sur une table couverte d'un tapis vert sont accumulés : une corbeille et des plats remplis de fruits, une coupe, une aiguière en argent ciselé, un homard, un vidrecome à moitié rempli de vin.

Toile. H. 1m08. — 1m83.

*Appartient à M. ***.*

282 **TINTORET.**

Portrait d'homme à barbe noire, coiffé d'une toque et d'une tunique noires; la main gauche gantée de gris, la main droite pendante.

Toile. H. 1.08. — L. 0.96.

Appartient à M. le comte de Romrée.

283 **REMBRANDT VAN RHYN.**

Portrait d'homme — vêtu de noir; col blanc; coiffé d'une toque noire surmontée d'une aigrette.

Bois. H. 0.62. — L. 0.45.

Appartenant à M. le comte de Grune.

284 **VELDE (Jean Van de).**

Nature morte. — Sur une table de pierre un verre à moitié plein, des huitres, des citrons.
Signé : JAN VAN DE VELDE FECIT 1656.

Bois. H. 0.40. — L. 0.32.

Appartenant à M. Savile-Lumley.

285 **GOYEN (Jean Van)**

Vue de la ville d'Arnhem, prise des hauteurs; au premier plan une large route sur laquelle un cavalier s'entretenant avec deux paysans; au fond le cours sinueux du Rhin.
Signé du nom entier du maître et daté 1646.

Toile. H. 0.89. — L. 1.04.

Appartient à M. Suermondt.

286   **OLD CROME**.

Norwich, 1769 — 1821, Ibid.

Paysage. — Un étang bordé d'arbres; à gauche, au second plan, une barque conduite par un pêcheur.

Toile. H. 0.32. — L. 0.27.

Appartenant à M. Savile Lumley.

TABLE ALPHABÉTIQUE

DES PEINTRES

Nᵒˢ

AELST (W. Van). 243
ALDAGREVER (Henri). 12
ALTDORFER (Albert). 11
ANGEL (P). 13
ARTVELT (Adrien Van). 96, 97
AST (Barthélemy Van der). 44
AVERCAMP (Hendrik Van). 124
BACKHUISEN (L.). 139, 214
BEGA (Cornélis). 220
BERCHEM (Nicolas). 160
BEYEREN (Abraham Van). 49
BOILLY (L. L.). 231
BOL (Jean). 52
BOSSCHE (B. Van den). 259
BOTH (Jean). 53
BOUCHER (François). 50, 140
BREKELENKAMP (Q.). 190, 247 279
BREUGHEL (A.). 224, 226
BREUGHEL (P.) et *Franck*, 187
BROUWER (Adrien). 55, 61, 65
66, 130.
CADRES DIVERS. 116-122
CARRACHE (A.). 196
CLOVIO (Don G.). 218
COELLO (Alonzo Sanchez). 15
COQUES (Gonzalès). 22
— et *Ehremberg* 159
CRANACH (Lucas Sunder, surn.
le vieux. 9, 105.
CUYP (Albert). 54, 78, 80, 127
132, 137, 215, 238, 239
240 268, 271.
CUYP (Jacob). 206
DAEL (J. Van). 233
DAVID (Gérard). 14
DELORME (Antoine). 43
DUPRAEM (Abraham). 87

Nᵒˢ

DUCQ (J. le). 255
DURER (Alb.). 10, 103
DYCK (Antoine Van). 27, 48, 91
111, 125, 165, 203, 209, 270
ÉCOLE (ancienne de Cologne). 99
EHREMBERG (Van) et *Coques* (G.).
159.
EVERDINGEN (Albert Van). 73
EYCK (Jean Van). 5, 6
FLINCK (Govert). 45
FRANCK et *P. Breughel*. 187
FYT (Jean). 88
GHIRLANDAJO (D.). 198
GILLOT (A.). 210
GOYEN (Van). 39, 46, 59, 60, 70
115, 236, 251, 252, 261
285
GOYA (F.). 184
GUARDI (Fr.). 195, 197, 232
HALS (Frans). 16, 17, 18, 19, 20
21, 100, 123, 144, 145
162, 248
HEEM (Cornelis de). 84, 89, 281
HELST (B. Van der). 180
HERRERA (le vieux). 157
HEYDEN (J. Van der). 265
HOBBEMA. 143, 151
HOLBEIN (Hans), le jeune. 4, 101
221, 222
HOOGTSTRATEN (S. Van). 280
HONDECŒTER (M.). 113, 242
HOPPNER (J.). 217
HUYSUM (Jean Van). 41, 133
INCONNU. 155
JORDAENS (Jacques). 156
KEULEN (J. Van). 258, 260
KEYSER (Th. de). 3, 7, 67, 182, 208
KOEBYCK (N.). 229

KONINCK (Philippe de). 175, 178
LIEVENS et *Van de Velde* 142
LINGELBACH (J.). 216
LORRAIN (Claude). 110
MAAS (Nicolas) 129, 161, 186
MEER (Van der), de Delft. 29, 35
   71, 74, 81, 131, 264.
METSU (Gabriel). 75, 250
METSYS (Quentin). 86, 167
MIEREVELD (Michel). 63, 83, 149,
   163, 205, 266, 267.
MOLENAER (N.). 272
MOLYN (Pierre), le vieux. 24
MOREELSE (Paul). 171
MORLAND (G.). 241
MURILLO (Esteban). 106, 168, 219
   244 276.
NEER (Aart van der). 36, 64
NEER (Eglon van der). 235
NETSCHER (Gaspard). 172
OLD CROME. 286
OSTADE (Adrien de). 34, 183
PANTOJA DE LA CRUZ. 253
PAPE (A. de). 225
PEETERS (Bonaventure). 51
PIERSON (Christ.). 95, 146, 147
POEL (Van der). 193
POTTER (Paul). 1, 185
POTTER (Pierre). 38
PRUD'HON. 212
PYNACKER. 227
RAPHAËL SANZIO. 104
RAVENSTEIN (J. Van). 269, 275
REMBRANDT VAN RHYN. 2, 56, 126
   128, 283
RIBERA (Joseph de), dit l'Espa-
   gnolet. 77, 170, 211
ROMBOUTS. 42
RUYSCH (Rachel). 169
RUBENS (Pierre Paul). 8, 28, 32
   33, 47, 58, 109, 112
   150, 152, 153, 154
RUYSDAEL (Jacques). 25, 26, 30
   31, 143*a*, 143*b*, 213.

RUYSDAEL (Jacq.) et *Ph. Wouwer-*
   man. 173
RUYSDAEL (Salomon). 68, 191, 204
   234, 237, 245, 246
SAVERY (Roelandt). 188, 200
SCHALKEN (G.). 202
SEGERS (Hercules). 98
SEGHERS (Daniel). 177
SINGELAND (P. Van). 62
SNAYERS (P.). 278
SNYDERS (François). 57, 114
SOOLMACKER (J. Ph.). 179
SPINELLO (Aretino). 192
STAELBENT (Adrien Van). 52*bis*
STEEN (Jean). 92, 207, 256
TENIERS (David), le jeune. 40, 72
   94, 148, 158, 228, 274, 277
TERBURG (Gérard). 37, 69
TIEPOLO (J. B.). 194
TINTORET. 282
TITIEN (le). 107, 108
VELASQUEZ DE SILVA. 174, 176, 181
   254
VELDE (Adrien Van de). 85
   — et *Jan Lievens.* 142
VELDE (G. Van de). 257
VELDE (J. Van de). 284
VENNE (Adrien Van der). 76, 82
VERSCHUUR (L.). 283
VERSTEEG (M.). 199, 201
VINCI (Leonard de). 102
VOYS (Ary de). 230
WATERLOO (A.). 136, 138
WATTEAU (Antoine) 79, 141
WEENIX (J. B.). 273
WILSON (Richard). 189
WITT (Jacques de). 134, 135
WITTE (Emm. de). 262
WOUWERMAN (Philippe). 90, 93
   164
   — et *Ruysdael* (J.). 173
WYNANTS (Jean). 166, 223
ZEEMAN (Renier Nooms, sur-
   nommé). 23

Aux de Capelle de marine
arrimer [illegible] oblong

[illegible] Bruyghel [illegible] [illegible] plume

J. de Cheyne [illegible] Paris

Klotz [illegible] Paris

Salomon [illegible] [illegible]

S. Cuyp Paris marine
(sur un petit portrait haute)
[illegible]

[illegible] 179 [illegible] 198 187
181 18[illegible]

C. [illegible] [illegible]